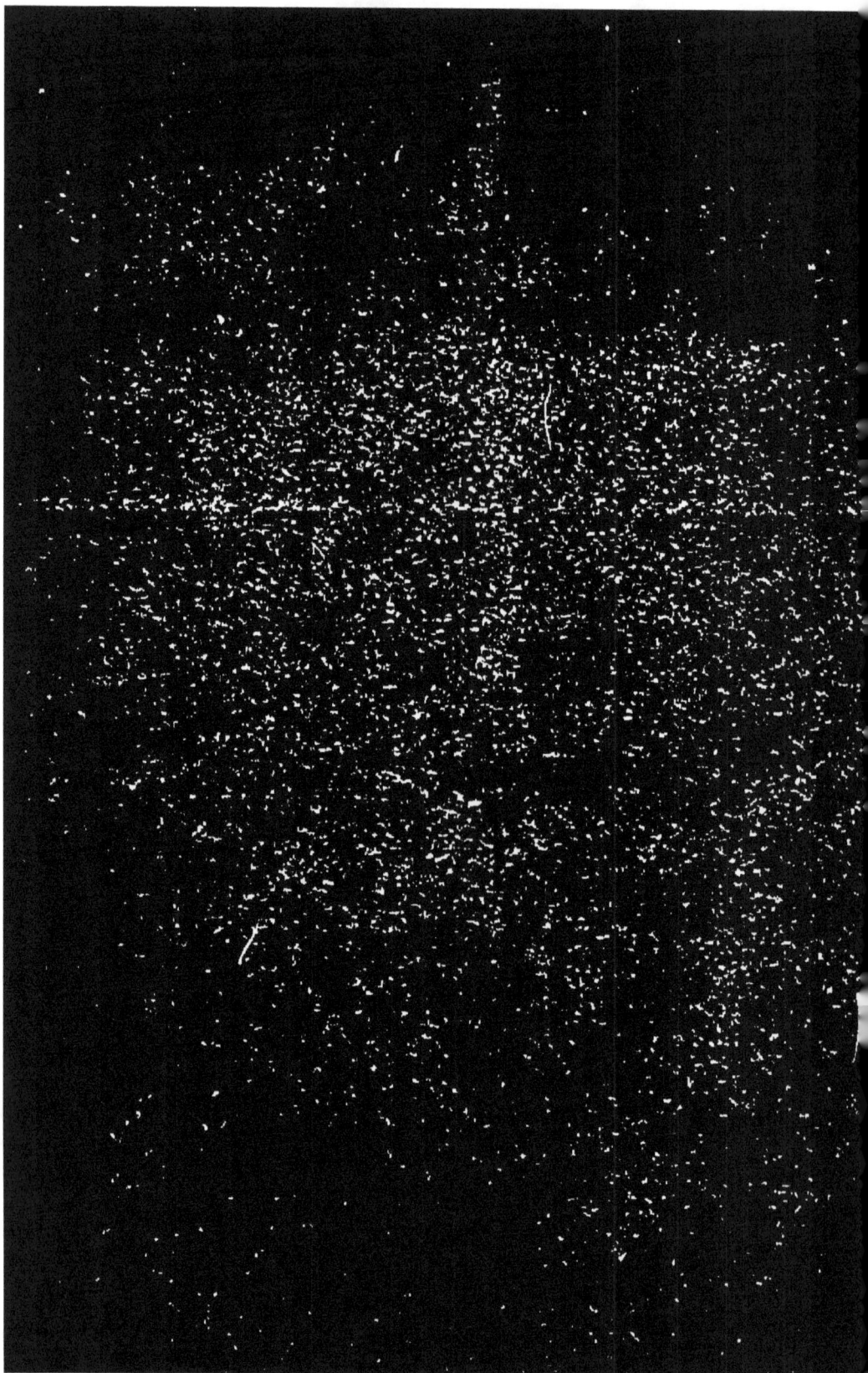

MÉMOIRES

SUR LE PRÊT A INTÉRÊT,

ET SUR

LE COMMERCE DES FERS.

Par M. TURGOT, Ministre d'État.

A PARIS,

Chez Froullé, Libraire, Quai des Augustins;
N°. 39.

1789.

AVERTISSEMENT.

LE respect que tous les amis de la Liberté
& de la raison ont pour l'ame & le génie de
M. Turgot, la haine que leurs ennemis conservent encore pour sa mémoire, nous assurent
qu'aucun Ouvrage, honoré de son nom, ne
peut être reçu avec indifférence.

Ceux qui connoissent l'étendue & la profondeur de ses vues, pour la perfection de
l'ordre social, & la sagesse des moyens par
lesquels il eût voulu les réaliser, & qui aiment
également la liberté, la justice & la paix, sen-
tent combien, dans cette heureuse mais pé-
nible révolution, la Nation auroit eu besoin
d'être éclairée par la raison de M. Turgot,
guidée par son caractère, inspirée par sa vertu.

On trouvera dans le premier des Mémoires
que nous publions, une réfutation complette de
ces préjugés sur l'usure, qui ont si long-temps
nui au Commerce, haussé l'intérêt, précisément
parce qu'il flétrissoit toute espèce d'intérêt, &
favorise des crimes réels, parce qu'ils en créent
d'imaginaires.

L'Assemblée Nationale n'a osé adopter qu'une
partie de la vérité : on la trouvera ici toute
entière.

Dans le fecond Mémoire, M. Turgot, en répondant à une demande particulière du Miniftre, combat le préjugé, qui, par la prohibition des marchandifes étrangères, croit favorifer le Commerce National, préjugé plus répandu encore que ceux des adverfaires du prêt à intérêt, & plus difficile à détruire.

Nous n'avons pas encore brifé toutes nos chaînes; & malgré le noble enthoufiafme avec lequel nous prononçons les noms facrés de droits & de Liberté, nous fommes encore bien éloignés de connoître toute l'étendue des idées que ces mots expriment.

MÉMOIRE,

MÉMOIRE,

Sur les Dénonciations faites au Sénéchal d'Angoulême, contre quelques Capitalistes, prêteurs d'argent, sous prétexte d'intérêts usuraires.

I.

Occasion du présent Mémoire.

Il y a déjà quelques mois qu'une dénonciation faite au Sénéchal d'Angoulême contre un particulier, qu'on prétendoit avoir exigé des intérêts usuraires dans ses négociations d'argent, a commencé à exciter une fermentation très-vive parmi les Négocians de cette ville. Cette fermentation n'a cessé d'augmenter depuis par la suite qui a été donnée à la procédure, par les nouvelles dénonciations qui ont suivi la première, & par les menaces multipliées de tous les côtés contre tous les prêteurs d'argent. Ces mouvemens ont produit l'effet qu'on devoit naturellement en attendre : l'inquiétude & le discrédit parmi les Négocians , le défaut absolu d'argent sur la place , l'interruption entière de toutes les spéculations du commerce , le décri de la place d'Angoulême au dehors, la suspension des paiemens , & le protêt d'une foule de lettres de-change. Ces conséquences paroissent mériter l'attention la plus sérieuse de la part du Gouvernement ; & il semble d'autant plus important d'arrêter le mal dans son principe , que si l'espèce de Jurisprudence qu'on voudroit établir à Angoulême , devenoit générale, il n'y auroit aucune place de commerce qui ne fût exposée aux mêmes révolutions, & que le crédit, déjà trop ébranlé par les banqueroutes multipliées , seroit entièrement anéanti par-tout.

I I.

Objet & Plan de ce Mémoire.

L'objet du présent Mémoire est de mettre sous les yeux du Conseil un récit de ce qui s'est passé à Angoulême , des manœuvres qui ont été pratiquées & des suites qu'elles ont eues. Ce

récit fera fentir les inconvéniens qui en réful-
tent, & la néceffité d'y apporter un prompt remède.

Pour y parvenir, on effayera d'expofer les
principes d'après lefquels on croit que cette
affaire doit être envifagée, & d'indiquer les
moyens qui fe font préfentés, comme les plus
propres à ramener le calme parmi les Négocians
d'Angoulème, & à garantir, dans la fuite, le
commerce, tant de cette ville que des autres
places du Royaume, d'un genre de vexation
auffi funefte.

I I I.

Idée Générale du Commerce d'Angouléme.

Pour donner une idée jufte de la manœuvre
des dénonciateurs de faits d'ufure, pour en faire
connoître l'origine, & mettre en état d'apprécier les effets qu'elle a dû produire, il paroît
néceffaire d'entrer dans quelques détails fur la
nature du commerce d'Angoulème, & des négociations qui s'y font faites depuis quelques
années.

La ville d'Angoulème, par fa fituation fur la
Charente, dans le point du cours de cette rivière, où elle commence à être navigable, fem-
bleroit devoir être très-commerçante : elle l'eft

cependant affez peu. Il eft probable qu'une des principales caufes qni fe font oppofées au progrès de fon commerce, eft la facilité que toute famille un peu aifée trouve à y acquérir la Nobleffe en parvenant à la Mairie. Il réfulte de-là que, dès qu'un homme a fait fortune par le commerce, il s'empreffe de le quitter pour devenir Noble. Les capitaux qu'il avoit acquis font bientôt diffipés dans la vie oifive, attachée à fon nouvel état, ou, du moins, ils font entièrement perdus pour le commerce. Le peu qui s'en fait eft donc tout entier entre les mains de gens prefque fans fortune, qui ne peuvent former que des entreprifes bornées faute de capitaux, qui font prefque toujours réduits à faire rouler leur commerce fur l'emprunt, & qui ne peuvent emprunter qu'à très-gros intérêt, tant à caufe de la rareté effective de l'argent, qu'à caufe du peu de fûreté qu'ils peuvent offrir aux prêteurs.

Le commerce d'Angoulême fe réduit à peu-près à trois branches principales : la fabrication des papiers, le commerce des Eaux-de-vie, & les entreprifes des Forges, qui font devenues très-confidérables dans ces derniers temps, par la grande quantité de canons que le Roi a fait fabriquer depuis quelques années dans les Forges

de l'Angoumois & du Périgord, situées à peu
de distance d'Angoulême.

Le commerce des Papeteries a un cours, en
général, assez réglé ; il n'en est pas de même
de celui des Eaux-de-vie : cette denrée est su-
jette à des variations excessives dans le prix, &
ces variations donnent lieu à des spéculations
très-incertaines, qui peuvent, ou procurer des
profits immenses, ou entraîner des pertes rui-
neuses. Les entreprises que font les Maîtres de
Forges, pour les fournitures de la Marine, exigent de leur part de très-grosses & très-longues
avances, qui leur rentrent avec des profits
d'autant plus considérables, qu'elles leur rentrent
plus tard. Ils sont obligés, pour ne pas perdre
l'occasion d'une grosse fourniture, de se procurer
de l'argent à quelque prix que ce soit, & ils y
trouvent d'autant plus d'avantages, qu'en payant
la mine & le bois comptant, ils obtiennent une
diminution très-forte sur le prix de ces matières
premières de leurs entreprises.

I V.

Origine du haut prix de l'argent à Angoulême.

Il est aisé de comprendre que la circonstance d'un commerce également susceptible de

gros rifques & de gros profits , & celle d'une place dégarnie de capitaux, fe trouvant réunies dans la ville d'Angoulême , il en a dû réfulter un taux courant d'intérêt affez haut & plus fort en général , qu'il ne l'eft dans les autres places de commerce. En effet , il eft notoire que depuis une quarantaine d'années , la plus grande partie des négociations d'argent s'y font faites fur le pied de huit ou neuf pour cent par an, & quelquefois fur le pied de dix , fuivant que les demandes étoient plus ou moins nombreufes, & les rifques à courir plus ou moins grands.

V.

Banqueroutes récentes à Angoulême ; manœuvre dont elles ont été accompagnées.

Il eft encore affez naturel que dans un commerce , tel que je viens de dépeindre celui d'Angoulême , les banqueroutes foient très-fréquentes ; & c'eft ce qu'on voit effectivement. Il s'en eft fait , depuis quelque temps , deux affez confidérables , qu'on peut, fans jugement téméraire , regarder comme frauduleufes, & qui paroiffent avoir beaucoup de connexité avec les manœuvres des dénonciations contre les prêteurs d'argent. Elles avoient été préparées par une

autre manœuvre affez fingulière. Le nommé
T.......-P........, un autre T........, diftingué
par le nom de la V........ (ce font les deux
banqueroutiers), le nommé N......, ancien Au-
bergifte d'Angoulême, qui, depuis, s'étant jeté
dans une foule d'entreprifes mal concertées, fe
trouve réduit aux abois, & deux ou trois autres
particuliers s'étoient concertés pour fe faire des
billets au profit les uns des autres, fans qu'il y
eût aucune valeur réelle fournie, mais feulement
un billet de pareille fomme, figné de celui qui
recevoit le premier. Ces billets étoient fucceffi-
vement endoffés par tous ceux qui trempoient
dans cette manœuvre. Dans cet état, le porteur
d'un de ces billets s'en fervoit, ou pour faire
des paiemens, ou pour emprunter de l'argent
d'un banquier, ou de tout autre poffeffeur de
capitaux : celui qui recevoit le billet, le voyant
revêtu de plufieurs fignatures, & n'imaginant pas
que tous les fignataires puffent manquer à la
fois, le prenoit fans difficulté. Pour éviter que la
manœuvre ne fût découverte, les porteurs de
billets avoient l'attention de ne jamais préfenter
à la même perfonne les billets qui fe compen-
foient réciproquement. L'on portoit à un banquier le billet fait, par exemple, par N.... au
profit de T.......-P........, & on portoit à un

autre le billet fait par T......-P....... au profit
de N....... Par ce moyen, les auteurs de cette
manœuvre avoient su se former un crédit sans
aucun fonds, sur lequel ils faisoient rouler différentes entreprises de commerce. On prétend
que T......-P......., qui avoit déjà fait, il y
a quelques années, une première banqueroute
dans laquelle ses créanciers avoient perdu 80
pour 100, avoit su, par ce crédit artificiel,
se procurer des fonds très-considérables, avec
lesquels il a pris la fuite à la fin de l'Été dernier.

V I.

Connexité de la manœuvre des Banqueroutiers
avec celle des dénonciations de faits d'usure.

CEUX qui avoient eu l'imprudence de donner
de l'argent sur ces billets frauduleux, ont paru
dans la disposition de poursuivre les endosseurs.
C'est alors que ceux-ci ont imaginé de se réunir
avec quelques autres particuliers ruinés comme
eux, & d'intimider ceux qui voudroient les
poursuivre, en les menaçant de les dénoncer,
à la Justice, comme ayant exigé des intérêts
usuraires ; ils ont, en effet, réalisé cette menace, & les troubles arrivés dans le commerce
d'Angoulême, sont l'ouvrage de cette cabale.

Les principaux chefs font ce nommé N....., dont j'ai déjà parlé, unnommé la P..., Maître de Forge à Bouremeil, près de Nontron, petite ville du Périgord, un nommé C........ M......... , & plufieurs autres marchands banqueroutiers, ou prêts à l'être. Ces trois particuliers fe font affociés avec un Procureur , nommé T........ , qui leur fert de Confeil & d'agent principal.

V I I.

Dénonciation du Sieur de C.... de C....

LEUR première démarche a été de faire noncer , par C........ M......, le fieur C...... de C......, comme coupable de négociations ufuraires. Le Procureur du Roi a reçu la dénonciation le 16 Septembre dernier. Il s'eft rendu partie contre le fieur C............ , & un très-grand nombre de témoins ont été affignés à fa Requête.

V I I I.

Reftitutions imprudemment faites par la famille de C.......... ; manœuvres odieufes des Dénon-ciateurs.

LE fieur de C........ , qu'on dit avoir prêté de l'argent, non feulement à des Négocians,

mais à différens particuliers, à un taux véritablement exceſſif, a été intimidé, & s'eſt caché.
Sa famille alarmée, & craignant que le Sénéchal
ne prononçât contre lui des condamnations flé-
triſſantes, a voulu appaiſer les dénonciateurs &
les témoins, en offrant de reſtituer l'argent qu'il
avoit touché au-delà du taux fixé par les Loix.
Cette facilité n'a pas manqué d'encourager la
cabale & de multiplier les demandes à l'infini.
On dit, mais je n'ai sur cela aucun détail précis,
que ceux qui prétendoient avoir quelque témoi-
gnage à porter contre le ſieur de C........., ſe
préſentoient ſans preuves, ſans regiſtres, qui
conſtataſſent ni les négociations dont ils ſe plaignoient, ni le montant des intérêts exigés : ils
fixoient arbitrairement ce qu'ils vouloient, &
la menace de dépoſer faiſoit leur titre. Le Procureur T........ les accompagnoit, & l'on ne
manquoit pas de ſtipuler ſa part du butin. L'on
aſſure que la famille du ſieur de C........ a
débourſé plus de ſoixante mille livres, pour ſa-
tisfaire l'avidité de ſes exacteurs, & que cette
ſomme a abſorbé la plus grande partie de la fortune de ce particulier, qui ſe trouve entièrement ruiné ; mais cette malheureuſe famille n'a
rien gagné à cette extravagante prodigalité ; &
l'on m'a mandé d'Angoulême, que ceux dont

elle avoit payé fi chèrement le filence ; n'en avoient pas moins fait les dépofitions les plus fortes, lorfqu'ils avoient été affignés comme té-moins.

I X.

Menaces faites aux autres prêteurs d'argent, par la cabale des Dénonciateurs.

ENCOURAGÉS par un pareil fuccès , les chefs de la cabale n'ont pas manqué de faire ufage des mêmes armes contre les autres prêteurs d'ar-gent de la ville d'Angoulême. N...... & la P......., qui paroiffent être les deux plus actifs , ont ameuté de tous côtés ceux , qui pouvoient avoir fait des négociarions à gros intérêts avec les capitaliftes d'Angoulême. J'ai fous les yeux des lettres écrites par la P......., qui prouvent qu'il a cherché jufqu'au fond du Limoufin des par-ticuliers , qui pouvoient avoir payé de gros in-térêts aux prêteurs d'Angoulême, & qu'il leur offroit de conduire leurs affaires. Ce même la P......., qui, ayant fait de groffes entreprifes pour la Marine , avoit été plus qu'un autre dans le cas d'emprunter à gros intérêts, a écrit plu-fieurs lettres à différens particuliers, par lef-quelles il exige d'eux des fommes confidérables, en les menaçant de les dénoncer. Il avoit écrit entr'autres à un nommé R.....; en lui mandant qu'il lui falloit six facs de six mille francs, & qu'on lui remît un billet de 622 liv., qu'il avoit négocié avec ce R...... *Il les faut*, difoit-il ; *il les faut, &c. J'ai été mis fur le grabat, parce que j'étois Maître de Forge & honnête homme ; il faut que je tâche de me relever.... Il faut finir ce foir à quatre heures.* Je n'ai point vu cette lettre en original, parce que le fils du fieur R....., ayant eu l'imprudence, dans le premier mouvement de fon indignation, d'aller trouver le fieur de la P......., & de le menacer de voie de fait, celui-ci en a pris occafion de rendre plainte contre lui au Criminel, & a, depuis, accommodé l'affaire, en exigeant qu'on lui remît fa lettre, & que R...... s'engageât à n'en point faire ufage contre lui ; mais, comme elle avoit été ouïe de plufieurs perfonnes, je fuis affuré qu'elle contenoit, en fubftance, ce que je viens de marquer.

X.

Nouvelles reftitutions par les prêteurs intimidés ; multiplications des demandes en conféquence.

PLUSIEURS des prêteurs, ainfi menacés, font entrés en accommodement ainfi que la famille du fieur de C.........; & cela n'a fervi qu'à exciter de plus en plus cette cabale, & à multiplier le nombre des demandeurs. Tous ceux qui fe font imaginé avoir été léfés dans quelques négociations d'argent fe font réveillés, & la nuée groffit de jour en jour. On ne fe contente pas de demander la reftitution des intérèts, ou des efcomptes, pris au-deffus de cinq ou fix pour cent, on va jufqu'à demander l'intérèt de ces intérèts : j'en ai eu l'exemple fous les yeux dans une lettre, figné D. C....., laquelle eft conçue en ces termes :

En 1763, le 20 Décembre, vous m'avez pris 60 liv. fur un billet de 1000 liv., à l'ordre de M. B....., endoffé par M. C..... père. Je vous demande 30 liv. de reftitution & 18 liv. d'intérèts. Si vous ne me les renvoyez, je pars immédiatement après mon déjeûner pour Ruelle, pour chercher le Certificat, &, à mon retour, je vous dénonce. Puifque vous m'avez fait la grace de ne pas vous en rapporter à moi, comptez fur ma parole d'honnête homme.

On a redemandé à des enfans de prétendues reftitutions, pour des affaires traitées avec leurs pères, décédés depuis plufieurs années, & cela fans produire aucun acte, aucun regiftre, ni aucune autre preuve que la fimple menace de dénoncer. Ce trait prouve l'efpèce de vertige que le fuccès des premiers dénonciateurs a imprimé dans les efprits.

Un Collecteur, dont le père avoit autrefois emprunté de l'argent d'un des Receveurs des Tailles, fe trouvant arréragé de plus de 2000 l. fur fon recouvrement, a bien eu l'audace de lui écrire qu'il prétendoit compenfer cette fomme avec les efcomptes que ce Receveur avoit pris autrefois de lui, ou de fon père.

L'avidité & l'acharnement des dénonciateurs d'un côté, de l'autre, la terreur de tous les Négocians prêteurs d'argent, n'ont pu qu'être infiniment augmentées, par la facilité avec laquelle les Officiers de juftice d'Angoulême ont paru fe prêter à ces accufations d'ufure.

X I.

Influences funeftes de cette fermentation fur le crédit & le Commerce d'Angoulême.

L'EFFET des pourfuites faites fur ces accufations a dû être, & a été le difcrédit le plus abfolu dans tout le commerce d'Angoulême. L'autorifation donnée à la mauvaife foi des emprunteurs a fermé routes les bourfes des prêteurs, dont la fortune fe trouve d'ailleurs ébranlée

par cette fecouffe. Aucun engagement échu ne
fe renouvelle ; toutes les entreprifes font arrê-
tées ; les fabriquans font expofés à manquer,
par l'impoffibilité de trouver aucun crédit pour
attendre la rentrée de leurs fonds. J'ai déjà fait
mention au commencement de ce Mémoire de
la grande quantité de lettres-de-change qui ont
été proteftées depuis ces troubles. Depuis peu,
j'ai appris que les Marchands, qui vendent des
étoffes pour la confommation de la ville, s'étant
adreffés, fuivant leur ufage, à Lyon pour donner
leurs commiffions, on leur a répondu qu'on ne
feroit aucune affaire avec Meffieurs d'Angoulème, qu'argent comptant. Ce difcrédit influe
même fur la fubfiftance des peuples : les récoltes
ayant manqué dans la Province, elle a befoin,
pour en remplir le vuide, des reffources du
commerce : la ville d'Angoulème étant fituée
fur une rivière navigable, on devroit s'attendre
qu'elle feroit toujours abondamment pourvue,
& que ces négociations s'emprefferoient de former des magafins, non feulement pour fon ap-
provifionnement, mais même pour celui d'une
partie de la Province ; mais l'impoffibilité, où
le difcrédit général les a mis de faire aucune
fpéculation, rend cette reffource abfolument
nulle.

X I I.

Nécéssité d'arrêter le cours de ces vexations.

Il seroit superflu de s'étendre sur les tristes conséquences d'une pareille révolution. C'est un grand mal que le dérangement de toutes les opérations du commerce, l'interruption de la circulation de l'argent, l'alarme répandue parmi les Négocians d'une ville, & l'ébranlement de leurs fortunes. C'en est un autre non moins grand que le triomphe d'une cabale de fripons, qui, après avoir abusé de la crédulité des particuliers, pour se procurer de l'argent su· des billets frauduleux, ont eu l'adresse plus coupable encore de chercher dans les Loix mal entendues un moyen, non-seulement de se garantir des poursuites de leurs créanciers, mais encore d'exercer contr'eux la vengeance la plus cruelle ; de les ruiner, de les diffamer, & de s'enrichir de leurs dépouilles. Ce succès de la mauvaise foi, & cette facilité donnée à des Négocians de revenir contre les engagemens contractés librement, seroient aussi scandaleux que funestes au commerce, non-seulement d'une place, mais de toutes celles du Royaume. Il est donc aussi nécessaire que juste d'apporter à ce mal un remède

remède efficace, & d'arrêter le cours d'un genre
de vexation auſſi odieux, d'autant plus dange-
reux, qu'il ſe couvre des apparences du zèle pour
l'obſervation des Loix.

XIII.

Difficulté de remédier à ces maux.

MAIS, par cela même que le mal a, en quelque ſorte, ſa racine dans des principes, ou des
préjugés regardés comme conſacrés par les Loix,
il peut n'être pas facile de ſe décider ſur le remède convenable, & ſur la manière de l'appliquer.

XIV.

Vice de nos Loix ſur la matière de l'intérêt de l'argent ; impoſſibilité de les obſerver en ri-gueur ; inconvéniens de la tolérance arbitraire, à laquelle on s'eſt réduit dans la Pratique.

J'OSERAI trancher le mot. Les Loix reconnues
dans les Tribunaux ſur la matière de l'intérêt
de l'argent ſont mauvaiſes : notre Légiſlation
s'eſt conformée aux préjugés rigoureux ſur l'u-
ſure, introduits dans les ſiècles d'ignorance par
des Théologiens, qui n'ont pas mieux entendu
le ſens de l'Écriture, que les principes du droit

B

naturel. L'obfervation rigoureufe de ces Loix feroit deftructive de tout commerce ; auffi ne font-elles pas obfervées rigoureufement : elles interdifent toute ftipulation d'intérêt, fans aliénation du capital ; elles défendent, comme illicite, tout intérêt ftipulé au-delà du taux fixé par les Ordonnances du Prince. Et c'eft une chofe notoire, qu'il n'y a pas fur la terre une place de commerce, où la plus grande partie du commerce ne roule fur l'argent emprunté, fans aliénation du capital, & où les intérêts ne foient réglés par la feule convention, d'après l'abondance plus ou moins grande de l'argent fur la place, & la folvabilité plus ou moins fûre de l'emprunteur. La rigidité des Loix a cédé à la force des chofes : il a fallu que la Jurifprudence modérât dans la Pratique fes principes fpéculatifs ; & l'on en eft venu à tolérer ouvertement le prêt par billet, l'efcompte & toute efpèce de négociation d'argent entre commerçans. Il en fera toujours ainfi toutes les fois que la Loi défendra ce que la nature des chofes rend néceffaire. Cependant cette pofition, où les Loix ne font point obfervées, mais fubfiftent fans être révoquées, & font même encore obfervées en partie, entraîne de très-grands inconvéniens. D'un côté, l'inobfervation connue

de la Loi diminue le refpect que tous les Citoyens devroient avoir pour tout ce qui porte
ce caractère ; de l'autre , l'exiftence de cette
Loi entretient un préjugé fâcheux , flétrit une
chofe licite en elle-même , une chofe dont
la fociété ne peut fe paffer , & que , par conféquent , une claffe nombreufe de Citoyens eft
obligée de fe permettre. Cette claffe de citoyens
en eft dégradée , & ce commencement d'aviliffement dans l'opinion publique affoiblit pour
elle le frein de l'honneur , ce précieux appui de
l'honnêteté. L'auteur de l'Efprit des Loix a très-
bien remarqué , à l'occafion même des préjugés
fur l'ufure , que quand les Loix défendent une
chofe néceffaire , elles ne réuffiffent qu'à rendre
malhonnêtes gens ceux qui la font. D'ailleurs,
les cas où la Loi eft obfervée , & ceux où l'in-
fraction en eft tolérée , n'étant point fpécifiés
par la Loi même , le fort des citoyens eft abandonné à une Jurifprudence arbitraire & chan-
geante comme l'opinion. Ce qu'une foule de citoyens pratiquent ouvertement , & pour ainfi
dire , avec le fceau de l'approbation publique ,
fera puni fur d'autres comme un crime ; en forte
que , pour ruiner & flétrir un citoyen qui fe
repofoit avec confiance fur la foi d'une tolérance notoire , il ne faut qu'un juge peu

inftruit ou aveuglé par un zèle mal entendu.

Les Jurifdictions confulaires admettent les intérêts ftipulés fans aliénation du capital (*), tandis que les Tribunaux ordinaires les réprouvent & les imputent fur le capital. Il exifte des peines prononcées contre l'ufure ; ces peines font, pour la première fois, l'amende honorable, le banniffement, la condamnation en de groffes amendes ; &, pour la feconde fois, la confifcation de corps & de biens, c'eft-à-dire, la condamnation à une peine qui entraîne la mort civile ; telle que la condamnation aux Galères à perpétuité, ou le banniffement perpétuel. L'Ordonnance de Blois qui prononce ces peines, ne fait aucune diftinction entre tous les différens cas que les Théologiens & les Jurifconfultes ont compris fous la dénomination d'ufure ; ainfi, à ne confidérer que la lettre de la Loi, tout

_____

(*) Je n'ignore pas que les Jurifdictions confulaires ne prononcent jamais expreffément, qu'il foit dû des intérêts en vertu de la feule ftipulation fur fimple billet, fans aliénation du capital ; mais il n'en eft pas moins vrai que dans le fait elles autorifent équivalemment ces intérêts, puifque les billets dont elles ordonnent le paiement comprennent ordinairement l'intérêt contre le capital, & que les Juges-Confuls ne s'arrêtent point aux allégations que feroit le débiteur, d'avoir compris dans fon billet le capital & l'intérêt.

homme qui prête, fans aliéner le capital, tout homme qui efcompte des billets fur la place, tout homme qui prête à un taux au-deffus de celui de l'Ordonnance, a mérité ces peines, & l'on peut bien dire qu'il n'y a pas un commerçant, pas un banquier, pas un homme intéreffé dans les affaires du Roi, qui n'y fût expofé. Il eft notoire que le fervice courant de prefque toutes les parties de la finance ne fe fait que par des négociations de cette efpèce.

On répondra fans doute, & cette réponfe fe trouve même dans des auteurs de droit, d'ailleurs très-eftimables, que les Tribunaux ne pourfuivent par la voie criminelle, que les ufures énormes ; mais cette réponfe même eft un aveu de l'arbitraire inféparable de toute exécution qu'on voudra donner à cette Loi : car quelle règle pourra fervir à diftinguer l'ufure énorme & puniffable de l'ufure médiocre & tolérable. Ne fait-on pas même qu'il y a des ufures qu'on eft obligé de tolérer ? Il n'y en a peut-être pas de plus forte que celle qu'on connoît à Paris, fous le nom de prêt à la petite femaine ; elle a été quelquefois jufqu'à deux fols par femaine, pour un écu de trois livres : c'eft fur le pied de 173 & un tiers pour cent. Cependant c'eft fur cette usure vraiment énorme que roule le détail du commerce des denrées qui se vendent à la halle & dans les marchés de Paris. Les emprunteurs ne se plaignent pas des conditions de ce prêt sans lequel ils ne pourroient faire un commerce qui les fait vivre , & les prêteurs ne s'enrichissent pas beaucoup, parce que cet intérêt exorbitant n'est guère que la compensation du risque que court le capital. En effet , l'insolvabilité d'un seul emprunteur enlève tout le profit que le prêteur peut faire sur trente ; en sorte que si le risque d'infidélité ou d'insolvabilité de l'emprunteur étoit d'un sur trente , le prêteur ne tireroit aucun intérêt de son argent ; & que si ce risque étoit plus fort , il perdroit sur son capital.

Maintenant si le Ministère public est obligé de fermer les yeux sur une usure aussi forte, quelle sera donc l'usure qu'il pourra poursuivre sans injustice ? Prendra-t-il le parti de rester tranquille, & d'attendre, pour faire parler la Loi, que l'emprunteur, qui se croit lésé, provoque son activité par une plainte ou une dénonciation ? Il ne sera donc que l'instrument de la mauvaise foi des frippons, qui voudront revenir contre des engagemens contractés librement : la Loi ne protégera que ceux qui sont

indignes de fa protection, & le fort de ceux-
ci fera plus avantageux que celui des hommes
honnêtes, qui, fidèles à leurs conventions, rou-
giroient de profiter d'un moyen que la Loi leur
offre pour les en dégager.

X V.

*Ce qui fe paffe à Angoulême eft une preuve des
inconvéniens attachés à l'arbitraire de la Jurifprudence.*

TOUTES ces réflexions s'appliquent naturellement à ce qui fe paffe à Angoulême, où les
Juges ont reçu des dénonciations, & inftruit,
une procédure criminelle à l'occafion de prêts,
auxquels des Juges plus familiarifés avec la connoiffance des opérations du commerce, n'auroient fait aucune attention. Si l'admiffion de
ces dénonciations a donné au commerce une fecouffe dangereufe, a compromis injuftement la
fortune & l'honneur des particuliers, a fait
triomphet la manœuvre odieufe d'une cabale de
frippons; ces Magiftrats ont à dire pour leur
défenfe, qu'ils n'ont fait que fe conformer aux
Loix ; que fi l'exécution de ces Loix entraîne
des inconvéniens, c'eft au Gouvernement à y
pourvoir par l'exercice de la puiffance légiflative;

que ce n'eſt point au Juge à les prévoir ; que
l'exactitude eſt ſon mérite, comme la ſageſſe &
l'étendue des vues eſt celui du Légiſlateur.
Cette apologie n'eſt pas ſans fondement ; & il
eſt certain qu'on ne peut blâmer les Juges d'Angoulême, que d'après les principes d'une Juriſprudence qu'aucune loi n'a conſacrée.

X V I.

*Raiſons qui paroiſſent devoir décider à ſaiſir
cette occaſion pour réformer la Loi ou fixer
la Juriſprudence.*

FAUT-IL pour cela reſter dans l'inaction, &
voir avec indifférence une fermentation dont les
ſuites peuvent être auſſi funeſtes au commerce ?
Je ne puis le penſer ; & je crois, au contraire,
que cette occaſion doit déterminer le Gouvernement, ou a réformer tout-à-fait les Loix ſur
cette matière, d'après les vrais principes, ou
du moins à fixer d'une manière à faire ceſſer
tout arbitraire, la Juriſprudence qui doit tem-
pérer la rigueur des Loix exiſtantes. Je crois,
enfin, que, dans tous les cas, il eſt juſte &
néceſſaire de venir au ſecours du commerce
& des particuliers mal-à-propos vexés, par ce
qui s'eſt paſſé à Angoulême, & de les faire jouir

du moins des tempéramens que la Jurisprudence
générale apporte à la sévérité des Loix & de
la liberté qu'elle laisse à cet égard aux opérations
du commerce.

X V I I.

Motifs qui engagent à envisager les vrais prin-
cipes de cette matière en eux-mêmes , & en
faisant abstraction pour le moment des tem-
péramens que les circonstances peuvent exiger.

QUAND je parle de changer les Loix & de
les ramener entièrement aux vrais principes de
la matière, je ne me dissimule point les obs-
tacles que peuvent mettre à cette réforme les
préjugés d'une partie des Théologiens & des
Magistrats ; je sens tout ce que les circonstances
peuvent commander de lenteur , de circonspec-
tion, de timidité même. Ce n'est point à moi
à examiner à quel point la théorie doit céder
dans la pratique à des ménagemens nécessaires ;
mais je n'en crois pas moins utile de fixer entièrement ses idées sur le véritable point de vue
sous lequel on doit envisager la matière de l'intérêt de l'argent, & les conventions auxquelles
on a donné le nom d'usure. Il faut connoître
les vrais principes lors même qu'on est obligé
de s'en écarter ; afin de savoir du moins préci-

sément à quel point on s'en écarte ; afin de ne s'en écarter exactement qu'autant que la nécessité l'exige ; afin de ne pas du moins suivre les conséquences d'un préjugé qu'on craint de renverser , comme on suivroit celles d'un principe dont la vérité seroit reconnue.

X V I I I.

Examen & développement des vrais principes du droit naturel, sur la matière de l'intérêt de l'argent.

C'est d'après ce point de vue que je hasarde d'entrer ici dans une discussion assez étendue , pour faire voir le peu de fondement des opinions de ceux qui ont condamné l'intérêt du prêt fait sans aliénation du capital , & la fixation de cet intérêt par la seule convention. Quoique les lumières des personnes auxquelles ce Mémoire est destiné , pussent & dussent peut-être me dispenser d'appuyer sur des raisonnemens dont l'évidence est, pour ainsi dire, trop grande ; la multitude de ceux qui conservent les préjugés que j'ai à combattre , & les motifs respectables qui les y attachent, m'excuseront auprès d'elles ; & je suis persuadé que ceux dont j'attaque les opinions auront beaucoup plus de peine à me pardonner.

X I X.

Preuve de la légitimité du prêt à intérêt, tirée du besoin absolu que le commerce en a ; développement de cette nécessité.

C'est d'abord une preuve bien forte contre les principes adoptés par les Théologiens rigoristes, sur la matière du prêt à intérêt, que la nécessité absolue de ce prêt, pour la prospérité & pour le soutien du commerce ; car quel homme raisonnable & religieux en même temps, peut supposer que la divinité ait interdit une chose absolument nécessaire à la prospérité des Sociétés ? Or, la nécessité du prêt à intérêt pour le commerce, &, par conséquent, pour la société civile, est prouvée d'abord par la tolérance que le besoin absolu du commerce a forcé d'accorder à ce genre de négociations, malgré les préjugés rigoureux & des Théologiens & des Jurisconsultes : cette nécessité est d'ailleurs une chose évidente par elle même. J'ai déjà dit, qu'il n'y a pas sur la terre une place de commerce, où la plus grande partie des entreprises ne roulent sur l'argent emprunté ; il n'est pas un seul Négociant, peut-être, qui ne soit souvent obligé de recourir à la bourse d'autrui : le plus riche en capitaux ne pourroit même s'affurer dè n'avoir jamais befoin de cette reffource qu'en gardant une partie de fes fonds oififs , & en diminuant par conféquent l'étendue de fes entreprifes. Il n'eft pas moins evident que ces capitaux étrangers , néceffaires à tous les Négocians , ne peuvert leur être confiés par les propriétaires , qu'autant que ceux-ci y trouveront un avantage capable de les dédommager de la privation d'un argent dont ils pourroient ufer , & des rifques attachés à toute entreprife de commerce. Si l'argent prêté ne rapportoit point d'intérêt , on ne le prêteroit point ; fi l'argent prêté pour des entreprifes incertaines ne rapportoit pas un intérêt plus fort que l'argent prêté fur de bonnes hypothèques , on ne prêteroit jamais d'argent à des Négocians. S'il étoit défendu de retirer des intérêts d'un argent qui doit rentrer à des échéances fixes ; tout argent , dont le propriétaire prévoiroit avoir befoin dans un certain temps , fans en avoir un befoin actuel , feroit perdu pendant cet intervalle pour le commerce : il refteroit oifif dans les coffres du propriétaire , qui n'en a pas befoin , & feroit comme anéanti pour celui qui en auroit un befoin urgent. L'exécution rigoureufe d'une pareille défenfe enlèveroit à la circulation des fommes immenfes , que la con-

fiance de les retrouver au befoin y fait verfer à
l'avantage réciproque des prêteurs & des emprunteurs ; & le vuide s'en feroit néceffairement
fentir, par le hauffement de l'intérêt de l'argent,
& par la ceffation d'une grande partie des entreprifes de commerce.

X X.

*Néceffité d'abandonner la fixation de l'intérêt
dans le commerce aux conventions des Négocians , & aux cours des différentes caufes qui
le font varier ; indication de ces caufes.*

Il eft donc d'une néceffité abfolue ; pour en-
tretenir la confiance & la circulation de l'argent , fans laquelle il n'eft point de commerce,
que le prêt d'argent à intérêt fans aliénation du
capital , & à un taux plus fort que le denier fixé
pour les rentes conftituées, foit autorifé dans le
commerce. Il eft néceffaire que l'argent y foit
confidéré comme une véritable marchandife dont
le prix dépend de la convention, & varie comme
celui de toutes les autres marchandifes, à raifon
du rapport de l'offre à la demande. L'intérêt,
étant le prix de l'argent prêté, il hauffe quand
il y a plus d'emprunteurs & moins de prêteurs,
il baiffe au contraire quand il y a plus d'argent

offert à prêter, qu'il n'en eft demandé à emprunter. C'eft ainfi que s'établit le prix courant de l'intérêt ; mais ce prix courant n'eft pas l'unique règle qu'on fuive, ni qu'on doive fuivre pour fixer le taux de l'intérêt dans les négociations particulières. Le rifque que peut courir le capital dans les mains de l'emprunteur, le befoin de celui-ci, & les profits qu'il efpère tirer de l'argent qu'on lui prête, font des circonftances, qui, en fe combinant diverfement entr'elles, & avec le prix de l'intérêt, doivent fouvent emporter le taux plus haut qu'il ne l'eft dans le cours ordinaire du commerce. Il eft affez évident qu'un prêteur ne peut fe déterminer à rifquer fon capital, que par l'appât d'un profit plus grand, & il ne l'eft pas moins que l'emprunteur fe déterminera à payer un intérêt d'autant plus fort que fes befoins feront plus urgents, & qu'il efpérera tirer de cet argent un plus grand profit.

X X I.

Les inégalités du taux, à raifon de l'inégalité des rifques, n'ont rien que de jufte.

Que peut-il y avoir à cela d'injufte ? Peut-on exiger d'un propriétaire d'argent qu'il rifque fon fonds, fans aucun dédommagement ? Il peut ne pas prêter, dit-on : sans doute ; & c'est cela même qui prouve qu'en prêtant, il peut exiger un profit proportionné à son risque. Car, pourquoi voudroit-on priver celui qui, en empruntant, ne peut donner de sûretés, d'un secours dont il a un besoin absolu ? Pourquoi voudroit-on lui ôter les moyens de tenter des entreprises dans lesquelles il espère s'enrichir ? Aucune Loi, ni civile ni religieuse, n'oblige personne à lui procurer des secours gratuits ; pourquoi la Loi civile ou religieuse défendroit-elle de lui en procurer au prix auquel il consent de les payer pour son propre avantage ?

X X I I.

La légitimité du prêt à intérêt est indépendante des suppositions de profit cessant, ou naissant.

L'IMPOSSIBILITÉ absolue de faire subsister le commerce sans le prêt à intérêt, n'a pu être méconnue par ceux mêmes qui affectent le plus de le condamner. La plupart ont cherché à éluder la rigueur de leurs propres principes par des distinctions & des subterfuges scholastiques, de profit cessant pour le prêteur, de profit naissant pour l'emprunteur ; comme si l'usage que l'acheteur fait de la chose vendue étoit une circons-

tance effentielle à la légitimité du prix ; comme
fi le propriétaire d'un meuble qui n'en fait aucun ufage, étoit obligé à l'alternative de le donner ou de le garder ; comme fi le prix que le
boulanger retire du pain qu'il vend n'étoit pas
également légitime, foit que l'acheteur s'en nour-
riffe, foit qu'il le laiffe perdre. Si l'on veut que
la fimple poffibilité de l'ufage lucratif de l'argent
fuffife pour en légitimer l'intérêt, cet intérêt fera
légitime dans tous les cas ; car il n'y en a aucun
où le prêteur & l'emprunteur ne puiffent toujours
s'ils le veulent faire de leur argent, quelque emploi lucratif. Il n'eft aucun argent, avec lequel
on ne puiffe ou fe procurer un immeuble qui
porte un revenu, ou faire un commerce qui
donne un profit ; ce n'eft affurément pas la peine
d'établir en thèfe générale que le prêt à intérêt
eft défendu, pour établir en même temps un
principe d'où réfulte une exception auffi générale que la prétendue règle.

X X I I I.

*La légitimité du prêt à intérêt eft une conféquence
immédiate de la propriété qu'a le prêteur de
la chofe qu'il prête.*

MAIS ce ne font point ces vaines fubtilités
qui

qui rendent légitime le prêt à intérêt ; ce n'eſt
pas même ſon utilité, ou plutôt la néceſſité dont
il eſt pour le ſoutien du commerce ; il eſt licite
par un principe plus général & plus reſpectable
encore, puiſqu'il eſt la baſe ſur laquelle porte
tout l'édifice des ſociétés ; je veux dire par le
droit inviolable attaché à la propriété d'être
maître abſolu de ſa choſe, de ne pouvoir en
être dépouillé que de ſon conſentement, & de
pouvoir mettre à ſon conſentement telle condition que l'on juge à propos. Le propriétaire d'un
effet quelconque peut le garder, le donner, le
vendre, le prêter gratuitement, ou le louer,
ſoit pour un temps certain, ſoit pour un temps
indéfini. S'il vend ou s'il loue, le prix de
la vente ou du louage n'eſt limité que par la
volonté de celui qui achète ou qui prend à loyer ;
& tant que cette volonté eſt parfaitement libre,
& qu'il n'y a pas d'ailleurs de fraude de la part
de l'une ou de l'autre partie, le prix eſt toujours
juſte, & perſonne n'eſt léſé. Ces principes ſont
avoués de tout le monde, quand il s'agit de
toute autre choſe que de l'argent ; & il eſt évident qu'ils ne ſont pas moins applicables à l'argent qu'à toute autre choſe. La propriété de
l'argent n'eſt pas moins abſolue que celle d'un
meuble, d'une pièce d'étoffe, d'un diamant ;

C

celui qui le possède n'est pas plus tenu de s'en dépouiller gratuitement : le donner, le prêter gratuitement est une action louable que la générosité inspire, que l'humanité & la charité exigent quelquefois, mais qui n'est jamais de l'ordre de la justice rigoureuse. On peut aussi ou donner ou prêter toutes sortes de denrées, & on le doit aussi dans certains cas. Hors de ces circonstances, où la charité exige qu'on se dépouille soi-même pour secourir les malheureux, on peut vendre son argent, & on le vend en effet lorsqu'on le donne en échange de toute autre marchandise ; on le vend, lorsqu'on le donne en échange d'un fonds de terre ou d'un revenu équivalent, comme quand on le place à constitution ; on le vend contre de l'argent, lorsqu'on donne de l'argent dans un lieu pour en recevoir dans un autre, espèce de négociation connue sous le nom de change de place en place, & dans laquelle on donne moins d'argent dans un lieu, pour en recevoir plus dans un autre ; comme, dans la négociation du prêt à intérêt, on donne moins d'argent dans un temps pour en recevoir davantage dans un autre parce que la différence du temps, comme celle des lieux, mettent une différence réelle dans la valeur de l'argent.

XXIV.

La propriété de l'argent emporte le droit de le vendre, & le droit d'en tirer un loyer.

Puisqu'on vend l'argent comme tout autre effet, pourquoi ne le loueroit-on pas comme tout autre effet ? & l'intérêt, n'étant que le loyer de l'argent prêté pour un temps, pourquoi ne feroit-il pas permis de le recevoir ? Par quel étrange caprice la morale ou la loi prohibe-roient-elles un contrat libre entre deux parties, qui toutes deux y trouvent leur avantage ; & peut-on douter qu'elles ne l'y trouvent, puif-qu'elles n'ont pas d'autre motif pour s'y déter-miner ? Pourquoi l'emprunteur offriroit-il un loyer de cet argent pour un temps, fi, pendant ce temps, l'ufage de cet argent ne lui étoit avan-tageux ? Et, fi l'on répond que c'eft le befoin qui le force à fe foumettre à cette condition, eft-ce que ce n'eft pas un avantage que la fa-tisfaction d'un véritable befoin ? eft-ce que ce n'eft pas le plus grand de tous ? c'eft auffi le befoin qui force un homme à prendre du pain chez un boulanger ; le boulanger en eft-il moins en droit de recevoir le prix du pain qu'il vend ?

X X V.

Fausses idées des Scholastiques sur la prétendue stérilité de l'argent ; Fausses conséquences qu'ils en ont tirées contre la légitimité de l'intérêt.

Ces notions sont si simples, elles sont d'une évidence si palpable, qu'il semble que les détails dans lesquels on entre pour les prouver, ne puissent que les affoiblir, en fatiguant l'attention ; & l'on a peine à concevoir comment l'ignorance & quelques fausses subtilités ont pu les obscurcir. Ce sont les Théologiens scholastiques qui ont introduit les préjugés qui règnent encore chez beaucoup de personnes sur cette matière. Ils sont partis d'un raisonnement qu'on dit être dans Aristote ; &, sous prétexte que l'argent ne produit point d'argent, ils en ont conclu qu'il n'étoit pas permis d'en retirer par la voie du prêt. Ils oublioient qu'un bijou, un meuble, & tout autre effet, à l'exception des fonds de terre & de bestiaux, sont aussi stériles que l'argent, & que cependant personne n'a jamais imaginé qu'il fût défendu d'en tirer un loyer ; ils oublioient que la prétendue stérilité de l'argent, si l'on pouvoit en conclure quelque chose, rendroit l'intérêt d'un capital aliéné

à perpétuité , auffi criminel que l'intérêt du capital aliéné à temps ; ils oublioient que cet argent prétendu ftérile eft chez tous les peuples
du monde l'équivalent , non pas feulement de
toutes les marchandifes , de tous les effets mo-
biliers ftériles comme lui , mais encore des fonds
de terre qui produifent un revenu très-réel ; ils
oublioient que cet argent eft l'inftrument néceffaire de toutes les entreprifes d'agriculture , de
fabrique de commerce ; qu'avec lui l'agriculteur ,
le fabriquant , le négociant fe procurent des profits immenfes , & ne peuvent fe les procurer fans
lui ; que , par conféquent , fa prétendue ftérilité
dans le commerce , n'eft qu'une erreur palpable ,
fondée fur une miférable équivoque ; ils oublioient , enfin , ou ils ignoroient que la légitimité du prix qu'on retire , foit de la vente , foit
du loyer d'une chofe quelconque , n'eft fondée
que fur la propriété qu'a de cette chofe celui
qui la vend ou qui la loue , & non fur aucun
autre principe.

Ils ont encore employé un autre raifonnement
qu'un jurifconfulte , d'ailleurs très-eftimable ,
(M. Pothier d'Orléans) , s'eft attaché à développer
dans fon Traité des Contrats de bienfaifance , &
auquel je m'arrêterai par cette raifon.

X X V I.

Autre raisonnement contre la légitimité de l'in-
térêt, tiré de ce que la propriété de l'argent
passe à l'emprunteur au moment du prêt, d'où
l'on conclud qu'il ne peut rien devoir au prê-
teur, pour l'usage qu'il en fait.

« L'ÉQUITÉ, dit-il, veut que dans un contrat
» qui n'est pas gratuit, les valeurs données de
» part & d'autres soient égales, & que chacune
» des parties ne donne pas plus qu'elle n'a reçu,
» & ne reçoive pas plus qu'elle n'a donné. Or,
» tout ce que le prêteur exige dans le prêt au-
» delà du sort principal, est une chose qu'il re-
» çoit au-delà de ce qu'il a donné, puisqu'en
» recevant le sort principal seulement, il reçoit
» l'équivalent exact de ce qu'il a donné.

» On peut, à la vérité, exiger, pour les choses
» dont on peut user sans les détruire, un loyer ;
» parce que cet usage pouvant être, du moins
» par l'entendement, distingué d'elles-mêmes,
» est appréciable ; il a un prix distingué de la
» chose : d'où il suit que lorsque j'ai donné à
» quelqu'un une chose de cette nature pour s'en
» servir, je peux en exiger le loyer, qui est le
» prix de l'usage que je lui en ai accordé, outre

» la reftitution de la chofe qui n'a pas ceffé de
» m'appartenir.

» Mais il n'en eft pas de même des chofes
» qui fe confomment par l'ufage, & que les Ju-
» rifconfultes appellent *chofes fungibles*. Comme
» l'ufage qu'on en fait les détruit , on n'y peut
» pas concevoir un ufage de la chofe outre la
» chofe même , & qui ait un prix outre celui
» de la chofe ; d'où il fuit qu'on ne peut céder
» à quelqu'un l'ufage d'une chofe , fans lui cé-
» der entièrement la chofe , & lui en transférer
» la propriété.

» Quand je vous prête une fomme d'argent
» pour vous en fervir, à la charge de m'en rendre
» autant , vous ne recevez de moi que cette
» fomme d'argent, & rien de plus. L'ufage que
» vous aurez de cette fomme d'argent eft ren-
» fermé dans le droit de propriété que vous
» acquérez de cette fomme ; ce n'eft pas quelque
» chofe que vous ayez outre la fomme d'argent,
» ne vous ayant donné que la fomme d'argent,
» & rien de plus : je ne peux donc exiger de
» vous rien de plus que cette fomme , fans
» bleffer la juftice , qui ne veut pas qu'on exige
» plus qu'on a donné ».

M. Pothier a foin d'avertir que ce raifonne
men tentre dans un argument employé par Saint

C 4

Thomas-d'Aquin, qui, se fondant sur le même principe, que les choses fungibles, qui font la matière du prêt, n'ont point un usage qui soit distingué de la chose même, en conclud que vendre cet usage, en exigeant l'intérêt, c'est vendre une chose qui n'existe pas, ou bien exiger deux fois le prix de la même chose, puisque le principal rendu est exactement l'équivalent de la chose prêtée ; & que n'y ayant aucune valeur donnée au-delà de la chose prêtée, l'intérêt qu'on recevroit au-delà en seroit un double prix.

X X V I I.

Réfutation de ce raisonnement.

Ce raisonnement n'est qu'un tissu d'erreurs & d'équivoques faciles à démêler.

La première proposition, que dans tout contrat aucune des parties ne peut, sans injustice, exiger plus qu'elle n'a donné, a un fondement vrai ; mais la maniere dont elle est énoncée renferme un sens faux & qui peut induire en erreur. Dans tout échange de valeur contre valeur (& toute convention proprement dite, ou à titre onéreux, peut être regardée comme un échange de cette espèce), il y a un sens du mot *valeur* dans lequel la valeur est toujours égale de part & d'autre ; mais ce n'eſt point par un principe de juſtice, c'eſt parce que la choſe ne peut être autrement. L'échange étant libre de part & d'autre, ne peut avoir pour motif que la préférence que donne chacun de, contraċtans à la choſe qu'il reçoit ſur celle qu'il donne. Cette préférence ſuppoſe que chacun attribue à la choſe qu'il acquiert, une plus grande valeur qu'à la choſe qu'il cede relativement à ſon utilité perſonnelle, à la ſatisfaċtion de ſes beſoins ou de ſes deſirs. Mais cette différence de valeur eſt égale de part & d'autre ; c'eſt cette égalité qui fait que la préférence eſt exaċtement réciproque & que les parties ſont d'accord. Il ſuit de là qu'aux yeux d'un tiers les deux valeurs échangées ſont exaċtement égales l'une à l'autre ; & que par conſéquent dans tout commerce d'homme à homme on donne toujours valeur égale pour valeur égale. Mais cette valeur dépend uniquement de l'opinion des deux contraċtans ſur le dégré d'utilité des choſes échangées pour la ſatiſfaċtion de leurs deſirs ou de leurs beſoins : elle n'a en elle même aucune réalité, ſur laquelle ou puiſſe ſe fonder pour prétendre que l'un des deux contraċtans a fait tort à l'autre. S'il n'y avoit que deux échangeurs, les conditions de leur marché ſeroient entièrement

arbitraires ; & à moins que l'un des deux n'eût
employé la violence ou la foudre , les conditions de l'échange ne pourroient en aucune
manière intéreffer la morale. Quand il y a plufieurs échangeurs , comme chacun d'eux eft intéreffé à ne pas acheter plus cher de l'un , ce
qu'un autre confent à lui donner à meilleur
marché , il s'établit par la comparaifon de la
totalité des offres à la totalité des demandes ,
une valeur courante , qui ne diffère de celle qui
s'étoit établie dans l'échange entre deux hommes
feuls , que parce qu'elle eft le milieu entre les
différentes valeurs qui auroient réfulté du débat
entre les contractans de chaque échange confidéré à part. Mais cette valeur moyenne ou
courante n'acquiert aucune réalité indépendante
de l'opinion de la comparaifon des befoins réciproques : elle ne ceffe pas d'être continuelle-
ment variable, & il ne peut en réfulter aucune
obligation de donner telle ou telle marchandife ,
pour tel ou tel prix. Le propriétaire eft toujours
le maître de la garder , & par conféquent de
fixer les conditions fous lefquelles il confent à
s'en deffaifir.

Il eft bien vrai que dans un commerce animé
& exercé par une foule de mains , chaque vendeur & chaque acheteur en particulier entre

pour fi peu dans la formation de cette opinion générale & dans l'évaluation courante qui en réfulte, que cette évaluation peut être regardée comme un fait indépendant d'eux, & dans ce fens l'ufage autorife à appeller cette valeur courante la vraie valeur de la chofe ; mais cette expreffion plus commode que précife ne pouvant altérer en rien le droit abfolu que la propriété donne au vendeur fur la marchandife, & à l'acheteur fur l'argent, l'on ne peut en conclure que cette valeur puiffe fervir de fondement à aucune règle morale ; & il refte exactement vrai que les conditions de tout échange ne peuvent être injuftes qu'autant que la violence ou la fraude y ont influé.

Qu'un jeune étranger arrive dans une ville, & que pour fe procurer les chofes dont il a befoin, il s'adreffe à un marchand fripon ; fi celui-ci abufe de l'ignorance de ce jeune homme en lui vendant au double de la valeur courante, ce marchand commet certainement une injuftice envers ce jeune homme. Mais en quoi confifte cette injuftice ? eft-ce en ce qu'il lui a fait payer la chofe au de-là de fa valeur réelle & intrinfèque ? non ; car cette chofe n'a point, à proprement parler, de valeur réelle & intrinfèque, à moins qu'on n'entende par-là le prix qu'elle a coûté

au vendeur (prix qui n'eſt point la valeur de
la choſe dans le commerce , ſa valeur vénale
uniquement fixée par le rapport de l'offre à la
demande). La même choſe qui vaut aujourd'hui
dans le commerce un louis , ne vaudra peut-
être dans quinze jours que douze francs , parce
qu'il en ſera arrivé une grande quantité , ou
ſeulement parce que l'empreſſement de la nou-
veauté ſera paſſé. Si donc ce jeune homme a été
léſé c'eſt par une autre raiſon ; c'eſt parce qu'on
lui a fait payer ſix francs dans une boutique , ce
qu'il auroit eu pour trois livres dans la boutique
voiſine , & dans toutes les autres de la ville ,
c'eſt parce que cette valeur courante de trois livres
eſt une choſe notoire ; c'eſt parce que par une
eſpèce de convention tacite & générale , lorſqu'on demande à un marchand le prix d'une
marchandiſe , on lui demande ce prix courant ;
c'eſt parce que quiconque ſoupçonneroit le moins
du monde, la ſincérité de ſa réponſe , pourroit
la vérifier ſur le champ ; & que par conſéquent
il ne peut demander un autre prix ſans abuſer
de la confiance avec laquelle on s'en eſt rapporté
à lui ſans manquer , en un mot , à la bonne foi.
Ce cas rentre donc dans celui de la fraude , &
c'eſt à ce titre ſeul qu'il eſt condamnable. On dit &
l'on doit dire que ce marchand a trompé , mais

non qu'il a volé ; ou fi l'on fe fert quelquefois de cette dernière expreffion , ce n'eft que dans un fens impropre & métaphorique.

Il faut conclure de cette explication que dans tout échange , dans toute convention qui a pour bafe deux conditions réciproques , l'injuftice ne peut être fondée que fur la violence, la fraude, la mauvaife foi, l'abus de confiance , & jamais fur une prétendue inégalité méthaphyfique entre la chofe reçue & la chofe donnée.

La feconde propofition du raifonnement que je combats eft encore fondée fur une équivoque groffière, & fur une fuppofition qui eft précifément ce qui eft en queftion. Ce que le prêteur exige, dit-on , au-delà du fort principal, eft une chofe qu'il reçoit au-delà de ce qu'il a donné, puifqu'en recevant le fort principal feulement, il reçoit l'équivalent exact de ce qu'il a donné. Il eft certain qu'en rendant le fort principal, l'emprunteur rendra précifément le même poids de métal que le prêteur lui avoit donné. Mais où nos raifonneurs ont-ils vu qu'il ne fallût confidérer dans le prêt que le poids du métal prêté & rendu, & non la valeur, ou plutôt l'utilité dont il eft pour celui qui prête & pour celui qui emprunte? où ont-ils vu que pour fixer cette valeur il fallût n'avoir égard qu'au poids

du métal livré dans les deux époques différentes,
sans comparer la différence d'utilité qui se trouve
à l'époque du prêt entre une somme possédée
actuellement & une somme égale qu'on recevra
dans une époque éloignée. Cette différence n'est-
elle pas notoire, & le proverbe trivial *un tiens
vaut mieux que deux tu l'auras*, n'est-il pas
l'expression naive de cette notoriété ? Or si une
somme actuellement possédée vaut mieux ; si
elle est plus utile, si elle est préférable à l'assurance de recevoir une pareille somme dans une
ou plusieurs années, il n'est pas vrai que le
prêteur reçoive autant qu'il donne lorsqu'il ne
stipule point l'intérêt ; car il donne de l'argent
& ne reçoit qu'une assurance. Or s'il reçoit
moins, pourquoi cette différence ne seroit-elle
pas compensée par l'assurance d'une augmentation sur la somme, proportionnée au retard ?
cette compensation est précisément l'intérêt de
l'argent.

On est tenté de rire quand on entend des
gens raisonnables, & d'ailleurs éclairés, fonder
sérieusement la légitimité du loyer des choses
qui ne se consomment point par l'usage, sur
ce que cet usage pouvant être distingué de la
chose, du moins par l'entendement, est appécia-
ble, & soutenir que le loyer des choses qui se

détruisent par l'usage est illégitime, parce qu'on
n'y peut pas concevoir un usage distingué de la
chose ; c'est bien par de pareilles abstractions
qu'il faut appuyer les règles de la morale &
de la probité. Eh non, non, les hommes n'ont
pas besoin d'être métaphysiciens pour être honnêtes gens. Les règles morales pour juger de la
légitimité des conventions se fondent, comme
les conventions-elles mêmes, sur l'avantage
réciproque des parties contractantes, & non sur
les qualités intrinsèques & métaphysiques des
objets du contrat, lorsque ces qualités ne chan-
gent rien à l'avantage des parties. Ainsi quand
j'ai loué un diamant, j'ai consenti à en payer
le loyer, parce que ce diamant m'a été utile ;
& ce loyer n'en est pas moins légitime, quoique je rende ce diamant, & que ce diamant
ait la même valeur que lorsque je l'avois reçu.
Par la même raison j'ai pû consentir à payer un
loyer de l'argent dont je m'engage à rendre
dans un certain temps une égale quantité,
parce que quand je le rendrai j'en aurai tiré
une utilité ; & ce loyer pourra être reçu aussi légi-
timement dans un cas que dans l'autre, puisque
mon utilité est la même dans les deux cas. La
circonstance que l'argent rendu n'est pas précisément l'argent qui m'avoit été livré, est abso-

lument indifférente à la légitimité du loyer ;
puisqu'elle ne change rien à l'utilité réelle que
j'en ai tiré , & que c'est cette utilité seule que
je paye lorsque je paye un loyer ; qu'importe
que ce que je rends soit précisément la même
chose qui m'avoit été livrée , puisque celle que
je rends a précisément la même valeur ? Ce
que je rends dans les deux cas n'est-il pas toujours
exactement l'équivalent de ce que j'ai reçu ; &
si j'ai payé dans un cas la liberté de m'en servir
dans l'intervalle , en quoi suis-je lésé de la
payer dans l'autre ? Quoi ! l'on aura pû me faire
payer la mince utilité que j'aurai retirée d'un
meuble ou d'un bijou , & ce sera un crime de
me faire payer l'avantage immense que j'aurai
retiré de l'usage d'une somme d'argent pendant
le même temps , & cela parce que l'entendement subtil d'un Jurisconsulte peut dans un
cas séparer de la chose son usage , & ne le
peut pas dans l'autre ? Cela est en vérité trop
ridicule.

Mais , disent nos raisonneurs , & il faut les
suivre dans leur dernier retranchement , l'on
ne peut pas me faire payer cet usage de l'argent,
parce que cet argent étoit à moi ; j'en étois
propriétaire , parce qu'il est de la nature du prêt
des choses fungibles que la propriété en soit
transportée

tranſportée par le prêt ; ſans quoi elles ſeroient inutiles à l'emprunteur.

Miſérable équivoque encore ! Il eſt vrai que l'emprunteur devient propriétaire de l'argent conſidéré phyſiquement comme une certaine quantité de métal. Mais eſt-il vraiment pro-priétaire de la valeur de cet argent ? Non ſans doute, puiſque cette valeur ne lui eſt confiée que pour un temps, & pour la rendre à l'é-chéance. D'ailleurs, ſans entrer dans cette diſcuſ-ſion qui ſe réduit à une vraie queſtion de nom, que peut-on conclure de la propriété que j'ai, dit-on, de cet argent ? Cette propriété, ne la tiens-je pas de celui qui m'a prêté l'argent ? N'eſt-ce pas par ſon conſentement que je l'ai obtenue, & ce conſentement, les conditions n'en ont-elles pas été réglées entre lui & moi ? A la bonne heure, que l'uſage que je ferai de cet argent ſoit l'uſage de ma choſe ; que l'utilité qui m'en reviendra ſoit un acceſſoire de ma propriété. Tout cela ſera vrai, mais quand ? quand l'argent ſera à moi, quand cette pro-priété m'aura été tranſmiſe ; & quand me l'aura-t-elle été ? quand je l'aurai achetée & payée. Or, à quel prix acheterai-je cette propriété ? Qu'eſt-ce que je donne en échange ? N'eſt-il pas évident que c'eſt l'engagement que je prends

D

de rembourser à une certaine échéance une certaine somme quelle qu'elle soit ? N'est-il pas tout aussi évident que si cette somme n'est qu'exactement égale à celle que je reçois, mon engagement ne sera pas l'équivalent de la propriété que j'acquiers dans le moment actuel ? N'est-il pas évident que, pour fixer cet équivalent de façon que notre avantage soit égal de part & d'autre, nous devons avoir égard à l'utilité dont me sera cette propriété que j'acquiers & que je n'ai point encore, & à l'utilité dont cette propriété pourroit être au prêteur, pendant le temps qu'il en sera privé ? Le raisonnement des Jurisconsultes prouvera si l'on veut que je ne dois pas payer l'usage d'une chose, lorsque j'en ai déjà acquis la propriété ; mais il ne prouve pas que je n'aye pu, en me déterminant à acquérir cette propriété, en fixer le prix, d'après la considération de cet usage attaché à la propriété. En un mot, tous ces raisonnemens supposent toujours ce qui est en question, c'est-à-dire, que l'argent reçu aujourd'hui, & l'argent qui doit être rendu dans un an sont deux choses parfaitement égales. Les Auteurs qui raisonnent ainsi oublient que ce n'est pas la valeur de l'argent, lorsqu'il aura été rendu, qu'il faut comparer avec la valeur

de l'argent, au moment où il est prêté ; mais
que c'est la valeur de la promesse d'une somme
d'argent, qu'il faut comparer avec une somme
d'argent effective. Ils supposent que c'est l'argent
rendu, qui est dans le contrat de prêt, l'équivalent de l'argent prêté ; & ils supppposent en
cela une chose absurde, car c'est au moment
du contrat, qu'il faut considérer les conditions
respectives ; & c'est dans ce moment qu'il faut
en établir l'égalité. Or, au moment du prêt,
il n'existe certainement qu'une somme d'argent
d'un côté, & une promesse de l'autre. Si ces
Messieurs supposent qu'une somme de mille
francs & une promesse de mille francs ont précisément la même valeur, ils font une supposition
plus absurde encore ; si ces deux choses étoient
équivalentes, pourquoi emprunteroit-on ?

Il est bien singulier qu'ils partent du principe de l'égalité de valeur qui doit avoir lieu
dans les conventions, pour établir un système
suivant lequel l'avantage est tout entier pour
une des parties, & entièrement nul pour l'autre.
Rien n'est assurément plus palpable ; car, quand
on me rend, au bout de quelques années, un
argent que j'ai prêté sans intérêt, il est bien
clair que je n'ai rien gagné, & qu'après avoir
été privé de son usage & avoir risqué de le

perdre, je n'ai précifément que ce que j'aurois ;
fi je l'avois gardé pendant ce temps dans mon
coffre. Il n'eft pas moins clair que l'emprunteur
a tiré avantage de cet argent, puifqu'il n'a eu
d'autre motif pour l'emprunteur que cet avantage. J'aurai donc donné quelque chofe pour
rien. J'aurai été généreux ; mais fi par ma gé-
nérofité j'ai donné quelque chofe de réel, j'ai
donc pu le vendre fans injuftice.

C'eft faire bien de l'honneur aux fophifmes
frivoles des adverfaires du prêt à intérêt, que
de les réfuter auffi au long que je l'ai fait. De
pareils raifonnemens n'ont certainement jamais
perfuadé perfonne ; mais quand on eft perfuadé
par le préjugé de l'éducation, par des autorités
qu'on refpecte, par la connexité fuppofée d'un
fyftème avec des principes confacrés, alors on
fait ufage de toutes les fubtilités imaginables
pour défendre des opinions auxquelles on eft
attaché ; on n'oublie rien pour fe faire illufion
à foi-même, & les meilleurs efprits en viennent
quelquefois à bout.

XXVIII.

Examen & réfutation des argumens qu'on tire de l'Ecriture contre la légitimité du prêt à intérêt.

Il eſt vraiſemblable que les Juriſconſultes n'auroient pas pris tant de peine pour obſcurcir les notions ſimples du bon ſens, ſi les Théologiens ſcolaſtiques ne les avoient entraînés dans cette fauſſe route, & ne leur avoient perſuadé que la Religion proſcrivoit abſolument le prêt à intérêt. Ceux-ci, pleins de leurs préjugés, ont cru en avoir la confirmation dans le fameux paſſage de l'Evangile : mutuum date nihil indè ſperantes ; *prêtez, ſans en eſpérer aucun avantage.* (S. Luc, chap. 6, verſet 35). Des gens de bon ſens n'auroient vu dans ce paſſage qu'un précepte de charité. Tous les hommes doivent ſe ſecourir les uns les autres. Un homme riche qui, voyant ſon ſemblable dans la miſère, au lieu de ſubvenir à ſes beſoins, lui vendroit ſes ſecours, manqueroit aux devoirs du Chriſtianiſme & à ceux de l'humanité. Dans de pareilles circonſtances, la charité ne preſcrit pas ſeulement de prêter ſans intérêt ; elle ordonne de prêter & de donner s'il le faut ; faire de ce précepte de charité un précepte de juſtice rigoureuſe, c'eſt choquer également la raiſon & le ſens du texte. Ces mêmes Théologiens ne prétendent pas que ce ſoit un devoir de juſtice de prêter ſon argent. Il faut donc qu'ils conviennent que les premiers mots du paſſage *mutuum date* ne renferment qu'un précepte de charité. Or, je demande pourquoi ils veulent que la fin du paſſage s'entende d'un devoir de juſtice. Quoi ! le prêt lui-même ne ſera pas un précepte rigoureux, & l'acceſſoire, la condition du prêt en ſera un ? Jeſus-Chriſt aura dit aux hommes :

« Il vous eſt libre de prêter, ou de ne pas
» prêter ; mais ſi vous prêtez, gardez-vous bien
» de retirer aucun intérêt de votre argent : &
» quand même un négociant vous en deman-
» deroit pour une entrepriſe dans laquelle il
» eſpère faire de grands profits, ce ſeroit un
» crime à vous d'accepter l'intérêt qu'il vous
» offre. Il faut abſolument, ou lui prêter gra-
» tuitement, ou ne lui point prêter du tout.
» Vous avez à la vérité un moyen de rendre
» l'intérêt légitime ; c'eſt de prêter votre ca-
» pital pour un temps indéfini, & de renoncer
» à en exiger le rembourſement que votre dé-
» biteur vous fera, quand il voudra ou quand

» il pourra. Si vous y trouvez de l'inconvénient
» du côté de la sûreté, ou si vous prévoyez que
» vous aurez besoin de votre argent dans un
» certain nombre d'années, vous n'avez pas
» d'autre parti à prendre que de ne point prêter.
» Il vaut mieux laisser manquer à ce négo-
» ciant l'occasion la plus précieuse, que de
» commettre un péché pour la lui faciliter ».
Voilà ce que les Théologiens rigoristes ont vu
dans ces cinq mots, *mutuum date nihil indè*
sperantes, parce qu'ils les ont lus avec les préjugés que leur donnoit une fausse méthaphy-
sique. Tout homme qui lira ce texte sans pré-
vention y verra ce qui y est, c'est-à-dire que
Jesus-Christ a dit à ses Disciples : « Comme
» hommes, comme chrétiens, vous êtes tous
» frères, tous amis, traitez-vous en frères &
» en amis, secourez-vous dans vos besoins,
» que vos bourses vous soient ouvertes les uns
» aux autres, & ne vous vendez pas les secours
» que vous vous devez réciproquement, en
» exigeant l'intérêt d'un prêt dont la charité
» vous fait un devoir ». C'est-là le vrai sens
du passage en question. L'obligation de prêter
sans intérêt & celle de prêter sont évidem-
ment relatives l'une à l'autre. Elles sont du
même ordre, & toutes deux énoncent un de-

voir de charité, & non un précepte de juſtice
rigoureuſe applicable à tous les cas où l'on peut
prêter.

.On peut d'autant moins en douter, que ce
paſſage ſe trouve dans le même chapitre, à la
ſuite de toutes ces maximes connues ſous le
nom de *Conſeils Evangéliques*, que tout le
monde convient n'être propoſés que comme
un moyen d'arriver à une perfection à laquelle
tous ne ſont pas appelés, & qui, même pour
ceux qui y ſeroient appelés ne ſont point ap-
-plicables, dans leur ſens littéral, à toutes les
circonſtances de la vie. Faites du bien à ceux
qui vous haïſſent. Béniſſez ceux qui vous mau-
diſſent ; ſi l'on vous donne un ſoufflet, tendez
l'autre joue, laiſſez prendre votre h-bit à celui
qui vous ôte votre tunique, donnez à quiconque vous demande ; & quand on vous ôte ce
qui eſt à vous, ne le réclamez pas. C'eſt après
toutes ces expreſſions, & dans le même diſ-
cours, qu'on lit le paſſage ſur le prêt gratuit,
conçu en ces termes : *Verum tamen diligite
inimicos veſtros : benefacite, & mutuum date nihil
inde ſperantes : & erit merces veſtra multa &
eritis filii altiſſimi, quià ipſe benignus eſt ſuper
ingratos & malos ;* « Aimez vos ennemis : ſoyez
» bienfaiſant, & prêtez ſans en eſpérer aucun

» avantage, & votre récompenfe fera grande ;
» & vous ferez les fils du Très-Haut ; parce
» que lui-même fait du bien aux ingrats &
» aux méchans ». Ce paffage rapporté tout
au long en dit peut-être plus que toutes les
difcuffions auxquelles je me fuis livré ; & il
n'eft pas concevable que perfonne ne s'étant
jamais avifé de regarder les autres maximes
répandues dans ce chapitre, & que j'ai citées,
comme des préceptes de juftice rigoureufe, on
s'obftine à vouloir interprêter différemment les
expreffions qui concernent le prêt gratuit.

Il faudroit trop de temps pour développer
avec le même détail les paffages de l'ancien
Teftament, que les Théologiens citent encore
à l'appui des mêmes préjugés ; on doit les expliquer de la même manière ; & , ce qui le
prouve inconteftablement, c'eft la permiffion
expreffe dans les loix de Moïfe, de prêter à
intérêt aux étrangers. *Non fœnerabis fratri tuo
ad ufuram pecuniam, ne fruges, ne quamlibet
aliam rem fed alieno* ; tu ne prêteras point à
ton frère à intérêt, ni de l'argent, ni des fruits,
ni aucune autre chofe, mais à l'étranger. La Loi
divine n'a certainement pas pu permettre expreffément aux Juifs de pratiquer avec les étrangers, ce qui auroit été défendu par le droit

naturel. Dieu ne peut autoriſer l'injuſtice. Je
ſais que quelques Théologiens ont eu aſſez peu
de bon ſens pour dire le contraire. Mais cette
réponſe vraiment ſcandaleuſe ne fait que prouver leur embarras , & laiſſer à l'objection la
force d'une vraie démonſtration aux yeux de
ceux , qui ont des notions ſaines de Dieu & de
la Juſtice.

X X I X.

*Véritable origine de l'Opinion qui condamne
le prêt à intérêt.*

Il ſe préſente ici une réflexion. Comment
a-t-il pu arriver que malgré l'évidence & la
ſimplicité des principes qui établiſſent la légitimité du prêt à intérêt , malgré la futilité des
ſophiſmes qu'on a entaſſés pour obſcurcir une
choſe ſi claire , l'opinion qui le condamne ait
pu ſe répandre auſſi généralement , & flétrir
preſque par-tout le prêt à intérêt , ſous le nom
d'uſure ? On conçoit aiſément que l'autorité des
Théologiens rigides a beaucoup contribué à
étendre cette opinion , & à l'enraciner dans les
eſprits ; mais comment ces Théologiens eux-
mêmes ont-ils pu ſe tromper auſſi groſſière-
ment ? Cette erreur a ſans doute une cauſe ,
& il eſt important de la développer pour ache-

ver d'approfondir le sujet de l'usure, & de le considérer sous toutes les faces. La source du préjugé des Théologiens n'est pas difficile à trouver. Ils n'ont imaginé des raisons pour condamner l'usure ou le prêt à intérêt, que parce qu'elle étoit déjà flétrie par le cri des peuples auxquels les usuriers ont été de tout temps odieux. Il est dans la nature des choses, & des hommes, qu'ils le deviennent. Car, quoiqu'il soit doux de trouver à emprunter, il est dur d'être obligé de rendre. Le plaisir d'être secouru dans son besoin passe avec la satisfaction de ce besoin; bientôt le besoin renaît, la dette reste, & le poids s'en fait sentir à tous les instans, jusqu'à ce qu'on ait pu s'acquitter ; de plus, on ne prête jamais qu'un superflu, & l'on emprunte souvent le nécessaire; & quoique la justice rigoureuse soit entièrement pour le prêteur-créancier, qui ne réclame que ce qui est à lui, l'humanité, la commisération, la faveur penchent toujours pour le débiteur. On sent que celui-ci, en rendant, sera réduit à la dernière misère, & que le créancier peut vivre, malgré la privation de ce qui lui est dû. Ce sentiment a lieu, lors même que le prêt a été purement gratuit ; à plus forte raison, lorsque le secours donné à l'emprunteur ne l'ayant été que fous la condition d'un intérêt, il a reçu le prêt fans reconnoiffance ; c'eft alors qu'il fouffre avec amertume & avec indignation les pour-fuites que fait contre lui fon créancier, pour l'obliger à rendre. Dans les fociétés naiffantes, & lorfque l'on connoiffoit à peine le commerce, & encore aujourd'hui, dans celles où le com-merce eft peu animé, l'on emprunte peu, dans la vue de former des entreprifes lucratives, & par conféquent l'on n'emprunte que pour fa-tisfaire à un befoin preffant ; il n'y a que le pauvre ou l'homme dérangé qui emprunte, & l'un & l'autre ne peuvent rendre qu'en conféquence d'événemens heureux, ou par le moyen d'une extrême économie ; par conféquent l'un & l'autre font fouvent infolvables, & le prêteur court des rifques d'autant plus grands. Plus le prêteur rifque de perdre fon capital, plus il faut que l'intérêt foit fort pour contrebalancer ce rifque par l'appât du profit. Il faut gagner fur l'intérêt qu'on tire du petit nombre d'emprunteurs fo-lides, le capital & les intérêts, qu'on perdra par la banqueroute de ceux qui ne le feront pas. Ainfi, plus le befoin qui fait emprunter eft ur-gent, plus l'intérêt eft fort. C'eft par cette raifon que l'intérêt à Rome étoit exceffif. Celui de douze pour cent paffoit pour très-modéré. On

fait que ce même intérêt de douze pour cent
a été long-temps en France l'intérêt courant ;
avec un intérêt aussi fort, quiconque ne fait
pas un emploi prodigieusement lucratif de l'argent qu'il emprunte, quiconque emprunte pour
vivre ou pour dépenser est bientôt entièrement
ruiné & réduit à l'impuissance absolue de payer.
Il est impossible que dans cet état le créancier
qui lui redemande son dû ne lui soit pas odieux.
Il le seroit, quand même il ne redemanderoit
que la somme précise qu'il a prêtée ; car, à qui
ne peut rien payer, il est égal qu'on lui demande
peu ou beaucoup ; mais alors le débiteur n'o-
seroit pas avouer cette haine, il sentiroit quelle
injustice atroce il y auroit à se faire du bien-
fait un titre pour haïr le bienfaiteur ; il ne pourroit se cacher que personne ne partageroit une
haine aussi injuste & ne compâtiroit à ses plaintes ; mais en les faisant tomber sur l'énormité
des intérêts que le créancier a exigés de lui en
abusant de son besoin, il trouve dans tous les
cœurs la faveur, qu'inspire la pitié, & la haine
contre l'usurier devient une suite de cette pitié : cette haine est d'autant plus générale que
le nombre des indigens emprunteurs est plus
grand, & celui des riches prêteurs plus petit.
On voit que dans les dissentions entre le Peuple &

les Grands, qui ont agité si long-temps la République Romaine, le motif le plus réel des plaintes du Peuple étoit l'énormité des usures, & la dureté avec laquelle les Patriciens exigeoient le paiement de leurs créances. La fameuse retraite sur le Mont sacré n'eut pas d'autre cause. Dans toutes les Républiques anciennes, l'abolition des dettes fut toujours le vœu du Peuple & le cri des ambitieux qui captoient la faveur populaire. Les riches furent quelquefois obligés de l'accorder pour calmer la fougue du Peuple, & prévenir des révolutions plus terribles. Mais c'étoit encore un risque de plus pour les prêteurs ; & par conséquent l'intérêt de l'argent n'en devenoit que plus fort.

La dureté avec laquelle les Loix, toujours faites par les riches, autorisoient à poursuivre les débiteurs, ajoutoit infiniment à l'indignation du Peuple débiteur contre les usures & les usuriers ; non-seulement les biens, mais la personne même du débiteur étoit affectée à la sûreté de la dette. Quand il étoit insolvable, il devenoit l'esclave de son créancier ; celui-ci étoit autorisé à le vendre à son profit, & à user à son égard du pouvoir illimité que l'ancien droit donnoit au maître sur l'esclave, lequel

s'étendoit jufqu'à le faire mourir arbitrairement. Un tel excès de rigueur ne laiffoit en-
vifager aux malheureux obérés qu'un avenir
plus affreux que la mort, & l'impitoyable
créancier lui paroiffoit le plus cruel de fes ennemis. Il étoit donc dans la nature des chofes
que l'ufurier ou le prêteur à intérêt fût par-
tout l'objet de l'éxécration publique, & regardé
comme une fangfue avide engraiffée de la fubftance & des pleurs des malheureux.

Le Chriftianifme vint & rappela les droits
de l'humanité trop oubliés. L'efprit d'égalité,
l'amour de tous les hommes, la commifération
pour les malheureux qui forment le caractère
diftinctif de cette Religion, fe répandirent dans
les efprits; le riche fut adouci, le pauvre fut
fecouru & confolé. Dans une Religion qui fe
déclaroit la protectrice des pauvres, il étoit naturel que les Prédicateurs, en fe livrant à l'ar-
deur de leur zèle, adoptaffent une opinion qui
étoit devenue le cri du pauvre, & que, n'en-
vifageant point le prêt à intérêt en lui-même
& dans fes principes, ils le confondiffent avec
la dureté des pourfuites exercées contre les débiteurs infolvables; de-là, dans les anciens Doc-
teurs de l'Eglife, cette tendance, à regarder le
prêt à intérêt comme illicite : tendance, qui

cependant n'alla pas, (& il eft important de le rematquer) jufqu'à regarder cette opinion comme effentiellement liée avec la foi. Le droit Romain, tel que nous l'avons, rédigé dans un temps où le Chriftianifme étoit la feule Religion de l'Empire, & dans lequel le prêt à intérêt eft expreffément autorifé, prouve incontestablement que ce prêt n'étoit point profcrit par la Religion.

Cependant l'opinion la plus rigide & la plus populaire prit peu-à-peu le deffus, & le plus grand nombre des Théologiens s'y rangea furtout dans les fiècles d'ignorance qui fuivirent; mais tandis que le cri des Peuples, contre le prêt à intérêt le faifoit profcrire, l'impoffibilité de l'abolir entièrement fit imaginer la fubtilité de l'aliénation du capital; & c'eft ce fyftème, qui étant devenu prefque général parmi les Théologiens, a été adopté auffi par les Jurifconfultes, par l'influence beaucoup trop grande qu'ont eu fur notre Jurifprudence & notre légiflation les principes du droit canon.

Dans cette efpèce de génération des opinions contraires au prêt à intérêt, on voit que les peuples pourfuivis par d'impitoyables créanciers, ont imputé leur malheur à l'ufure, & l'ont regardée d'un œil odieux; que les perfonnes

fonnes pieufes & les prédicateurs ont partagé cette impreſſion & déclamé contre l'uſure ; que les Théologiens perſuadés par ce cri général que l'uſure étoit condamnable en elle-même, ont cherché des raiſons pour prouver qu'elle devoit être condamnée, & qu'ils en ont trouvé mille mauvaiſes, parce qu'il étoit impoſſible d'en trouver une bonne ; qu'enfin les Juriſcon-ſultes entraînés par leur reſpect pour les déci-ſions des Théologiens, ont introduit les mêmes principes dans notre légiſlation.

X X X.

Affoibliſſement des cauſes qui avoient rendu le prêt à intérêt odieux aux Peuples.

Cependant les cauſes qui avoient autrefois rendu odieux le prêt à intérêt, ont ceſſé d'agir avec autant de force. L'eſclavage étant aboli parmi nous, l'inſolvabilité a des ſuites moins cruelles ; elle n'entraîne plus la mort civile ni la perte de la liberté. La contrainte par corps que nous avons conſervée eſt à la vérité une loi dure & cruelle pour le pauvre ; mais la dureté en a du moins été mitigée par beaucoup de reſtrictions, & bornée à un certain ordre de créances. La ſuppreſſion de l'eſclavage a donné

E

aux arts & au commerce une activité inconnue
aux peuples anciens chez lesquels chaque particulier aisé faisoit fabriquer chez lui par ses
esclaves presque tout ce dont il avoit besoin.
Aujourd'hui l'exercice des arts méchaniques
est une ressource ouverte à tout homme laborieux. Cette foule de travaux & les avances
qu'ils exigent nécessairement présentent de tous
côtés à l'argent des emplois lucratifs : les entreprises du commerce multipliées à l'infini emploient des capitaux immenses. Les pauvres
que l'impuissance de travailler réduit à une
misère absolue, trouvent dans le superflu des
riches, & dans les charités de toute espèce dont
la Religion a multiplié les établissemens, des
secours qui ne paroissent pas avoir eu lieu chez
les peuples de l'antiquité, & qui, en effet, y
étoient moins nécessaires, puisque, par la constitution des sociétés, le pauvre, réduit au dernier degré de la misère, tomboit naturellement
dans l'esclavage. D'un autre côté, l'immensité
des capitaux accumulés de siècle en siècle par
l'esprit d'économie inséparable du commerce,
& grossis sur-tout par l'abondance des trésors
apportés de l'Amérique, a fait baisser dans
toute l'Europe le taux de l'intérêt. De toutes
ces circonstances réunies, il a résulté que les

emprunts faits par le pauvre pour subsister ne sont plus qu'un objet à peine sensible dans la somme totale des emprunts ; que la plus grande partie des prêts se font à l'homme riche, ou du moins à l'homme industrieux, qui espère se procurer de grands profits par l'emploi de l'argent qu'il emprunte. Dès-lors le prêt à intérêt a dû devenir moins odieux, puisque par l'activité du commerce il est devenu au contraire une source d'avantages pour l'emprunteur. Aussi s'est-on familiarisé avec lui dans toutes les villes de commerce, au point que les Magistrats & les Théologiens mêmes en sont venus à le tolérer. La condamnation du prêt en lui-même, ou de l'intérêt exigé sans aliénation du capital, est devenue une spéculation abandonnée aux Théologiens rigoristes ; &, dans la pratique, toutes les opérations & de commerce & de finance roulent sur le prêt à intérêt, sans aliénation du capital.

X X X I.

A quel genre d'usure se borne aujourd'hui la flétrissure attachée au nom d'usurier ?

Le nom d'usurier ne se donne presque plus, dans la société, qu'aux prêteurs à la petite-se-

maine ; à caufe du taux exceffif de l'intérêt
qu'ils exigent ; à quelques fripiers qui prêtent fur
gages aux petits bourgeois & aux artifans dans
la détreffe ; enfin à ces hommes infâmes qui
font métier de fournir, à des intérêts énormes,
aux enfans de famille dérangés, de quoi fub-
venir à leur libertinage & à leur folles dépenfes.
Ce n'eft plus que fur ces trois efpèces d'ufuriers
que tombe la flétriffure attachée à ce nom, &
eux feuls font encore quelquefois les objets de
la févérité des Loix anciennes qui fubfiftent
contre l'ufure. De ces trois fortes d'ufuriers ;
il n'y a cependant que les derniers qui faffent
dans la fociété un mal réel. Les prèteurs à la
petite-femaine fourniffent aux agens d'un commerce indifpenfable les avances dont ceux - ci
ne peuvent fe paffer ; & fi ce fecours eft mis à
un prix très-haut, ce haut prix eft la compen-
fation des rifques que court le capital par l'in-
folvabilité fréquente des emprunteurs, & de
l'aviliffement attaché à cette manière de faire
valoir fon argent. Car cet aviliffement écarte
néceffairement de ce genre de commerce beaucoup de capitaliftes dont la concurrence pourroit
feule diminuer le taux de l'intérêt. Il ne refte
que ceux qui fe déterminent à paffer pardeffus
la honte, & qui ne s'y déterminent que par

l'affurance d'un grand profit. Les petits marchands qui empruntent ainfi à la petite-femaine font bien loin de fe plaindre des prêteurs, dont ils ont à tout moment befoin, & qui, au fond, les mettent en état de gagner leur vie. Auffi la Police & le Miniftère public les laiffent-ils fort tranquilles. Les prêteurs fur gage à gros intérêts, les feuls qui prêtent véritablement au pauvre pour fes befoins journaliers, & non pour le mettre en état de gagner, ne font point le même mal que ces anciens ufuriers qui conduifoient par degrés à la mifère & à l'efclavage les pauvres citoyens auxquels ils avoient procuré des fecours funeftes. Celui qui emprunte fur gage emprunte fur un effet dont il lui eft abfolument poffible de fe paffer. S'il n'eft pas en état de rendre le capital & les intérêts, le pis qui puiffe lui arriver eft de perdre fon gage, & il ne fera pas beaucoup plus malheureux qu'il n'étoit. Sa pauvreté le fouftrait à toute autre pourfuite ; ce n'eft guère contre le pauvre qui emprunte pour vivre, que la contrainte par corps peut être exercée. Le créancier qui pouvoit réduire fon débiteur en efclavage y trouvoit un profit ; c'étoit un efclave qu'il acquéroit ; mais aujourd'hui le créancier fait qu'en privant fon débiteur de la liberté, il n'y gagnera autre chofe que d'être obligé de le nourrir en prifon ; auffi ne s'avife-t-on pas de faire contracter à un homme qui n'a rien & qui eft réduit à emprunter pour vivre, des engagemens qui emportent la contrainte par corps. Elle n'ajouteroit rien à la sûreté du prêteur. La feule sûreté vraiment folide contre l'homme pauvre eft le gage : & l'homme pauvre s'eftime heureux de trouver un fecours pour le moment, fans autre danger que de perdre ce gage. Auffi le peuple a-t-il plutôt de la reconnoiffance que de la haine pour ces petits ufuriers qui le fecourent dans fon befoin, quoiqu'ils lui vendent affez cher ce fecours. Je me fouviens d'avoir été, à la Tournelle, Rapporteur d'un procès criminel pour fait d'ufure. Jamais je n'ai été tant follicité que je le fus pour le malheureux accufé, & je fus très-furpris de voir que ceux qui me follicitoient avec tant de chaleur étoient ceux-là même qui avoient effuyé les ufures qui faifoient l'objet du procès. Le contrâfte d'un homme pourfuivi criminellement pour avoir fait à des particuliers un tort dont ceux-ci, non-feulement ne fe plaignoient pas, mais même témoignoient de la reconnoiffance, me parut fingulier, & me fit faire bien des réflexions.

X X X I I.

Les ufuriers qui font métier de prêter aux en-
fans de famille dérangés font les feuls qui
foient vraiment nuifibles à la fociété ; leur
véritable crime n'eft point l'ufure ; en quoi
il confifte.

Les feuls ufuriers qui foient vraiment nuifibles à la fociété font donc, comme je l'ai déjà
dit, ceux qui font métier de prêter aux jeunes
gens dérangés ; mais je n'imagine pas que perfonne penfe que leur crime foit de prêter à
intérêt fans aliénation du capital, ce qui, fuivant les Théologiens & les Jurifconfultes ;
conftitue l'ufure. Ce n'eft pas non plus de
prêter à un intérêt plus fort que le taux légal ;
car, prêtant fans aucune sûreté, ayant à craindre
que les pères ne refufent de payer, & que les
jeunes gens eux-mêmes ne réclament un jour
contre leurs engagemens, il faut bien que leurs
profits foient proportionnés à leurs rifques. Leur
véritable crime eft donc, non pas d'être ufuriers, mais de faciliter & d'encourager pour
un vil intérêt les défordres des jeunes gens,
& de les conduire à l'alternative de fe ruiner
ou de fe déshonorer. S'ils doivent être punis,

c'eſt à ce titre, & non à cauſe de l'uſure qu'ils ont commiſe.

X X X I I I.

La défenſe de l'uſure n'eſt point le remède qu'il faut apporter à ce déſordre, & d'autres Loix y pourvoyent ſuffiſamment.

Les loix contre l'uſure, proprement dite, ne ſont donc d'aucune utilité pour arrêter ce déſordre qui eſt puniſſable par lui-même : elles ne ſont pas même utiles pour obvier à la diſſipation de la fortune des jeunes gens qui ont emprunté de cette manière ruineuſe, par la rupture de leurs engagemens : car, ſans examiner s'il eſt vraiment utile que la loi offre, contre des engagemens volontaires, des reſſources dont il eſt honteux de profiter (queſtion très-ſuſceptible de doute) ; la loi qui déclare les mineurs incapables de s'engager, rend ſuperflue toute autre précaution. Ce ne ſont pas ordinairement les perſonnes d'un âge mûr qui ſe ruinent de cette manière, & en tout cas, c'eſt à eux, & non pas à la Loi à s'occuper du ſoin de conſerver leur patrimoine. Au reſte, le plus ſûr rempart contre la diſſipation des enfans de famille ſera toujours la bonne éducation que les parens doivent leur donner.

XXXIV.

Conséquence de ce qui a été dit fur les vraies caufes de la défaveur du prêt à intérêt, & fur les changemens arrivés à cet égard dans les mœurs publiques.

Après avoir prouvé la légitimité du prêt à intérêt par les principes de la matière, & après avoir montré la frivolité des raifons dont on s'eft fervi pour le condamner, je n'ai pas cru inutile de développer les caufes qui ont répandu fur le prêt à intérêt cet odieux & cette défaveur, fans lefquels, ni les Théologiens, ni les Jurifconfultes n'auroient pas fongé à le condamner. Mon objet a été d'apprécier exactement les fondemens de cette défaveur, & de reconnoître fi en effet le prêt à intérêt produit dans la fociété des maux que les Loix doivent chercher à prévenir, & qui doivent engager à le profcrire. Il réfulte, ce me femble, des détails dans lefquels je fuis entré, que ce qui rendoit l'ufure odieufe dans les anciens temps tenoit plus au défaut abfolu du commerce, à la conftitution des anciennes fociétés, & fur-tout aux Loix qui permettoient au créancier de réduire fon débiteur en efclavage, qu'à la na-

rure même du prêt à intérêt. Je crois avoir
prouvé encore que par les changemens sur-
venus dans le commerce, dans les mœurs &
dans la constitution des sociétés, le prêt à intérêt ne produit dans la société aucun mal qu'on
puisse imputer à la nature de ce contrat ; & que,
dans le seul cas où les pratiques usuraires sont
accompagnées de quelque danger réel, ce n'est
point dans l'usure proprement dite que réside
le crime & le danger, & que les Loix peuvent
y pourvoir sans donner aucune restriction à la
liberté du prêt à intérêt.

X X X V.

Conséquence générale : aucun motif ne doit porter
à défendre le prêt à intérêt.

Je suis donc en droit de conclure qu'aucun
motif solide ne pourroit aujourd'hui déterminer
la législation à s'écarter, en proscrivant le prêt
à intérêt, des principes du droit naturel qui le
permettent. Car tout ce qu'il n'est pas absolument nécessaire de défendre doit être
permis.

X X X V I.

L'intérêt eſt le prix de l'argent dans le Com-
merce , & ce prix doit être abandonné au
cours du Commerce.

A s'en tenir à l'ordre naturel, l'argent doit
être regardé comme une marchandiſe que le
propriétaire eſt en droit de vendre ou de louer ;
par conſéquent la Loi ne doit point exiger ,
pour autoriſer la ſtipulation de l'intérêt, l'aliénation du capital. Il n'y a pas plus de raiſon
pour qu'elle fixe le taux de cet intérêt. Ce
taux doit être comme le prix de toutes les
choſes commerçables, fixé par le débat entre
les deux contractans & par le rapport de l'offre
à la demande. Il n'eſt aucune marchandiſe ſur
laquelle l'Adminiſtration la plus éclairée, la
plus minutieuſement prévoyante & la plus
juſte puiſſe ſe répondre de pouvoir balancer
toutes les circonſtances qui doivent influer ſur
la fixation du prix, & d'en établir un qui ne
ſoit pas au déſavantage ou du vendeur ou de
l'acheteur. Or, le taux de l'intérêt eſt encore
bien plus difficile à fixer que le prix de toute
eſpèce de marchandiſe, parce que ce taux tient
à des circonſtances & des conſidérations plus

délicates encore & plus variables, qui font celles
du temps où fe fait le prêt, & celle de l'époque
à laquelle le rembourfement fera ftipulé, &
fur-tout celle du rifque ou de l'opinion du rifque que le capital doit courir. Cette opinion
varie d'un inftant à l'autre ; une alarme mo-
mentanée , l'événement de quelques banqueroutes, des bruits de guerre peuvent répandre
une inquiétude générale qui enchérit fubite-
ment toutes les négociations d'argent. Et l'o-
pinion & la réalité du rifque varient encore
plus d'un homme à l'autre, & augmentent ou
diminuent dans tous les degrés poffibles. Il
doit donc y avoir autant de variations dans le
taux de l'intérêt. Une marchandife a le même
prix pour tout le monde , parce que tout le
monde la paye avec la même monnoie, & les
marchandifes d'un ufage général dont la production & la confommation fe proportionnent
naturellement l'un à l'autre, ont long-temps
à-peu-près le même prix. Mais l'argent dans
le prêt n'a le même prix , ni pour tous les
hommes , ni dans tous les temps , parce que
dans le prêt l'argent ne fe paye qu'avec une
promeffe, & que fi l'argent de tous les acheteurs fe reffemble , les promeffes de tous les
emprunteurs ne fe reffemblent pas. Fixer par

une loi le taux de l'intérêt, c'est priver de la reſſource de l'emprunt quiconque ne peut offrir une sûreté proportionnée à la modicité de l'intérêt fixé par la Loi ; c'est par conſéquent rendre impoſſible une foule d'entrepriſes de commerce, qui ne peuvent ſe faire ſans riſque du capital.

X X X V I I.

L'intérêt du retard ordonné en Juſtice peut être réglé par un ſimple acte de notoriété, ſans qu'il ſoit beſoin de fixer le taux de l'intérêt par une loi.

Le ſeul motif raiſonnable qu'on allègue pour juſtifier l'uſage où l'on eſt de fixer le taux de l'intérêt par une loi, eſt la néceſſité de donner aux Juges une règle qui ne ſoit point arbitraire pour ſe conduire dans les cas où ils ont à prononcer ſur les intérêts demandés en juſtice, en conſéquence de la demeure de payer, ou bien lorſqu'il s'agit de preſcrire à un tuteur à quel denier il peut placer l'argent de ſes pupilles. Mais tout cela peut ſe faire ſans une loi qui fixe irrévocablement & univerſellement le taux de l'intérêt. Quoique l'intérêt ne puiſſe être le même pour tous les tas; cependant il y a un intérêt qui varie peu, du moins dans un intervalle de temps peu con-fidérable, c'eft l'intérêt de l'argent placé avec une fûreté à-peu-près entière, telle que la donne une hypothèque folide où la folvabilité de cer-tains négocians dont la fortune, la fageffe & la probité font univerfellement connues. C'eft à cet intérêt que les Juges doivent fe conformer & fe conforment en effet, lorfqu'ils pronon-cent fur les demandes d'intérêts judiciaires, ou fur des autorifations de tuteurs. Or, puifque le taux de cet intérêt varie peu & eft le même pour tous, il ne faut pas une loi pour le fixer; il fuffit d'un acte de notoriété qu'on peut re-nouveller chaque année. Quelques Notaires & quelques Négocians principaux donneroient au Magiftrat les lumières néceffaires pour fixer cette notoriété en connoiffance de caufe. Un acte de cette efpèce fait dans chacune des villes où réfide un Parlement, fuffiroit pour toute l'é-tendue du reffort.

XXXVIII.

L'imputation des intérêts prétendus usuraires
sur le capital, & toutes les poursuites cri-
minelles pour fait d'usure, devroient être
abrogées.

Une conséquence immédiate de l'adoption
de ces principes seroit l'abrogation de l'usage
où sont les Tribunaux d'imputer sur le capital
les intérêts payés, ou sans aliénation du capital
ou à un taux plus fort que celui de l'Ordonnance.
Une seconde conséquence qu'on en tireroit
à plus forte raison, seroit la suppression de toute
poursuite criminelle sous prétexte d'usure. Ce
crime imaginaire seroit effacé de la liste des
crimes.

XXIX.

Avantages qui résulteroient pour le Commerce
& la Société en général d'une Loi entière-
ment conforme aux principes qui viennent d'être
développés.

Le Commerce de l'argent seroit libre comme
doit l'être tout Commerce. L'effet de cette
liberté seroit la concurrence ; & l'effet de cette
concurrence seroit le bas prix de l'intérêt, non

feulement parce que la honte & les rifques attachés au prêt à intérêt font une furcharge que l'emprunteur paye toujours, de même que celui qui achète des marchandifes prohibées, paye toujours les rifques du contrebandier; mais encore parce qu'une très-grande quantité d'argent, qui refte inutile dans les coffres, entreroit dans la circulation, lorfque le préjugé, n'étant plus confolidé par l'autorité des Loix, auroit peu-à-peu cédé à la raifon. L'économie en deviendroit d'autant plus active à accumuler des capitaux, lorfque le commerce d'argent feroit un débouché toujours ouvert à l'argent. L'on ne peut aujourd'hui placer l'argent qu'en groffes parties. Un Artifan eft embaraffé de fes petites épargnes; elles font ftériles pour lui jufqu'à ce qu'elles foient devenues affez confidérables pour les placer. Il faut qu'il les garde, toujours expofé à la tentation de les diffiper au cabaret. Si le commerce d'argent acquéroit le degré d'activité que lui donneroit la liberté entière & l'anéantiffement du préjugé, il s'établiroit des marchands d'argent qui le recueilleroient enpetites fommes, qui raffembleroient dans les villes & dans les campagnes les épargnes du peuple laborieux pour en former des capitaux & les fournir aux places de commerce,

comme

comme on voit des marchands ramaffer de village en village, jufqu'au fond de la Normandie,
le beure & les œufs qui s'y produifent , & les
aller vendre à Paris. Cette facilité ouverte au
peuple de faire fructifier fes épargnes, feroit
pour lui l'encouragement le plus puiffant à l'é-
conomie & à la fobriété , & lui faciliteroient le
feul moyen qu'il ait de prévenir la mifère où
le plongent les moindres accidens, les maladies,
& au moins la vieilleffe.

X L

Si des motifs de prudence peuvent empêcher
d'établir, quand à préfent par une Loi , la
liberté entière du prêt à intérêt , cette liberté
n'en eft pas moins le but auquel l'adminif-
tration doit tendre , & auquel il convient de
préparer les opinions du public : néceffité de
donner dès à préfent au Commerce une entière
fécurité contre l'exécution des Loix rigoureufes
portées contre l'ufure.

La Loi qui établiroit ce nouvel ordre de
chofes eft donc auffi   irable que jufte, &
plus favorable encore au peuple pauvre qu'au
riche pécunieux. Je ne dis pas cependant qu'il
faille la rendre à préfent. J'ai infinué que je

F

sentois tous les ménagemens qui peuvent être
dus au préjugé , sur-tout à un préjugé que tant
de personnes croient lié à des principes respectables ; mais j'ose dire que cette liberté entière du
prêt à intérêt doit être le but plus ou moins éloigné
du Gouvernement ; qu'il faut s'occuper de préparer cette révolution en changeant peu-à-peu les
idées du public , en favorisant les écrits des Jurisconsultes éclairés & des Théologiens sages , qui
adopteront une doctrine plus moderée & plus
justesur le prêt à intérêt. Mais en attendant qu'on
ait pu atteindre ce but , il faut s'en rapprocher
autant qu'il est possible ; il faut , sans heurter
de front le préjugé , cesser de le soutenir , &
sur-tout en éluder l'effet , & garantir le commerce
de ses fâcheuses influences.

X L I.

*Il paroît convenable d'abroger par une Loi toute
pourfuite criminelle pour fait d'ufure ; mais il
est du moins indifpenfable d'interdire abfolument cette accufation dans tous les prêts faits
à l'occafion du commerce , ou à des commerçans.*

La voie la plus directe pour y parvenir , &
celle à laquelle j'avoue que j'inclinerois beau-

coup, feroit d'interdire entièrement, par une Loi, toute pourfuite criminelle pour fait d'ufure. Je ne crois pas impoffible de rédiger cette Loi & le préambule qui doit l'annoncer, de façon à conferver tous les ménagemens néceffaires pour les principes reçus. Si cependant on y trou-voit de la difficulté, il me paroît au moins indifpenfable de défendre d'admettre l'accufa-tion d'ufure dans tous les cas de négociations d'argent faites à l'occafion du commerce, & dans tous ceux où celui qui emprunte exerce le com-merce ou toute autre profeffion dans laquelle l'argent peut être employé d'une manière lucra-tive. Cette difpofition renferme ce qui eft abfo-lument néceffaire pour mettre le commerce à l'abri des révolutions que pourroit occafionner la diverfité des opinions fous le régime arbi-traire de la jurifprudence actuelle. En même temps elle eft bornée au pur néceffaire, & je ne la crois fufceptible d'aucune difficulté ; lorf-que, d'un côté, les principes reçus relativement à l'intérêt de l'argent refteront les mêmes, quant aux affaires civiles ordinaires qui n'ont point de rapport au commerce, & que, de l'autre, on donnera pour motif de la loi la néceffité d'affurer les engagemens du commerce contre les abus de la mauvaife foi, & de ne plus faire dépendre

d'une jurifprudence arbitraire le fort des négocians autorifés par l'ufage conftant de toutes les
places, ufage qu'on ne peut prohiber fans rifquer
d'interrompre la circulation & le cours ordinaire
du commerce. Il me femble que les idées du
public, & même celles de tous les Tribunaux
accoutumés à juger des affaires de commerce,
ont déjà fuffifamment préparé les voies à cette
loi ; & j'imagine qu'elle n'éprouveroit aucune
réfiftance, pour peu que l'on employât d'adreffe
à la rédiger de façon à paroître refpecter les principes précédemment reçus.

X L I I.

La Loi propofée mettra le Commerce à l'abri de
toute révolution pareille à celle qu'il vient d'é-
prouver à Angoulême ; mais il eft jufte de
pourvoir auffi au fort des particuliers mal-à-
propos vexés.

Si cette propofition eft adoptée, elle pour-
voira fuffifamment à l'objet général de la fûreté
du commerce, & le mettra pour jamais à l'abri
de l'efpèce de révolution qu'il vient d'éprouver
dans la ville d'Angoulême ; mais il ne feroit
pas jufte fans doute d'abandonner à leur malheureux fort les victimes de la fripponnetie de leurs

débiteurs & du préjugé des Juges d'Angoulême; puisque leur honneur & leur fortune sont actuellement compromis par les dénonciations admises contre eux & les procédures commencées au Sénéchal de cette ville.

XLIII.

Le Sénéchal d'Angoulême n'auroit pas dû admettre l'accusation d'usure pour des prêts faits à des marchands.

Je pense qu'au fond & même en partant des principes actuels tels qu'ils sont modifiés par la jurisprudence de la plus grande partie des Tribunaux, & sur-tout de ceux auxquels la connoissance du commerce est spécialement attribuée, les dénonciations des prétendus faits d'usure ne doivent point être admises, & les prêteurs ne doivent point être exposés à des procédures criminelles. Il suffit pour cela que les prêts prétendus usuraires, & qui ont donné lieu aux dénonciations, aient été faits à des marchands; dès-lors, il est constant, par la jurisprudence universelle de toutes les jurisdictions consulaires, qu'on ne peut les regarder comme prohibés par le défaut d'aliénation du capital; il paroit même qu'on en est convaincu au Sénéchal d'Angoulème, & que les dénonciateurs eux-mêmes n'o-

F 3

fent en difconvenir ; mais ils ont dit en premier-
lieu , que plufieurs des capitaliftes , accufés d'u-
fure , ne font ni commercans ni banquiers ; on
a même produit des actes pour prouver que le
fieur B..... des E....., un des prêteurs attaqués,
a déclaré , il y a quelques années , quitter le
commerce. Ils ont dit , en fecond-lieu , que les
intérêts n'étoient dans le Commerce qu'au taux
de fix pour cent ; & comme les négociations
dénoncées comme ufuraires font à un intérêt plus
confidérable , & fur le pied de neuf ou dix pour
cent , ils ont conclu qu'on devoit leur appliquer
toute la rigueur des Loix contre l'ufure. Il faut
avouer même qu'un grand nombre de prêteurs
entraînés par la terreur qui les avoit faifis , ont
en quelque forte paffé condamnation fur ce principe , en offrant imprudemment de reftituer les
fommes qu'ils avoient perçus au-deffus de fix
pour cent ; mais malgré cette efpèce d'aveu , je
ne penfe pas que ni l'un ni l'autre des deux
motifs allégués par les dénonciateurs , puiffe
autorifer la voie criminelle contre les négociations
dont il s'agit.

X L I V.

La qualité des prêteurs qui ne feroient pas com-
merçans ne peut servir de fondement à la voie
criminelle.

C'eſt d'abord une erreur groſſière que d'imaginer que lé défaut de qualité dans un prêteur,
qui feroit un autre métier que le commerce,
puiſſe changer en rien la nature de l'engagement
que prend avec lui un négociant qui lui emprunte
des fonds. En effet, ce négociant n'eſt pas plus
lézé, ſoit que celui qui lui prête faſſe le commerce ou ne le faſſe pas ; l'engagement de l'emprunteur n'en eſt pas moins aſſujetti aux règles
de la bonne foi. Si la tolérance qu'on doit avoir,
& qu'on a pour les ſtipulations d'intérêt dans
les prêts du commerce, eſt fondée ſur ce que,
d'un côté, les emprunts que fait un négociant
ont pour objet de ſe procurer des profits en ver-
ſant l'argent dans ſon commerce, & ſur ce que
de l'autre, toute entrepriſe ſuppoſant de groſſes
avances, il eſt important d'attirer dans le commerce la plus grande quantité poſſible de capitaux
d'argent, il eſt bien évident que ces deux motifs
ont exactement la même force, que le prêteur ſoit ou ne ſoit pas négociant. Dans les deux

cas, fon argent n'eft pas moins un moyen pour l'emprunteur de fe procurer de gros profits, & cet argent n'eft pas moins un capital utile verfé dans le commerce. Pour favoir fi la faveur des négociations du commerce doit être appliquée à un prêt d'argent ou non : c'eft donc la perfonne de l'emprunteur qu'il faut confidérer, & non celle du prêteur. Il importe donc peu que le fieur B........ des E......., ou tout autre des capitaliftes d'Angoulème, faffe ou ne faffe pas actuellement le commerce, & il n'en fauroit réfulter, pour les commerçans qui ont emprunté d'eux, aucun prétexte pour revenir contre leurs engagemens en les inculpant d'ufure, & encore moins pour les attaquer par la voie criminelle.

X L V.

Le taux de l'intérêt au-deſſus de ſix pour cent n'a pas dû non plus donner ouverture à la voie criminelle.

C'eft encore une autre erreur, non moins groffière, d'imaginer qu'il y ait dans le commerce un taux d'intérêt fixe au-deffus duquel les négociations deviennent ufuraires & puniffables. Il n'eft aucune efpèce de loix qui ait fixé un taux plutôt que l'autre, & l'on peut même dire,

qu'à la rigueur, il n'y en a aucun de permis ;
que celui de l'ordonnance, encore ne l'eſt-il qu'a-
vec la condition de l'aliénation du capital. L'intérèt, ſans aliénation du capital, n'eſt que toléré
en faveur du commerce ; mais cette tolérance
n'eſt ni ne peut être limitée à un taux fixe ; parce
que l'intérèt varie non-ſeulement à raiſon des
lieux, des temps & des circonſtances, en ſe
réglant, comme le prix de toutes les autres
marchandiſes, par le rapport de l'offre à la demande ; mais encore dans le même temps &
dans le même lieu, ſuivant le riſque plus ou
moins grand que court le capital, par le plus
ou le moins de ſolidité de l'emprunteur. L'intérèt ſe règle dans le commerce par la ſeule
ſtipulation ; &, s'il y a dans les places conſidé-
rables de commerce, un taux courant de l'intérèt,
ce taux n'a lieu que vis-à-vis des négocians recon-
nus pour bons & ſolvables ; toutes les fois que
le riſque augmente l'intérèt augmente auſſi, ſans
qu'on ait aucun reproche à faire au prêteur.
Ainſi, quand même il ſeroit vrai que le taux
de l'intérèt fût à Angoulème, ſuivant le cours
de la place, à ſix pour cent, il ne s'enſuivroit
nullement que ceux auxquels on auroit prêté à
neuf & à dix pour cent, euſſent à ſe plaindre.
Quand il ſeroit vrai que le taux de l'intérèt dans

le commerce fut ; dans les principales places du Royaume, établi fur le pied de fix pour cent, il ne s'enfuivroit nullement que ce cours fût établi à Angoulème; & dans le fait, il eft notoire que, depuis environ quarante ans, il a prefque toujours roulé de huit à dix pour cent. J'ai fuffi-famment expliqué, dans le commencement de ce mémoire, les raifons de ce haut intérêt, & j'ai montré qu'elles étoient fondées fur la nature même du commerce de cette ville.

X L V I.

Motifs qui doivent porter à évoquer cette affaire.

Malheureufement les officiers du Sénéchal, en recevant des dénonciations, ont prouvé qu'ils n'adoptent point les principes que je viens de développer, & que la vraie jurifprudence adoptée fur le prêt en matière de commerce, leur eft moins connue que la rigueur des loix anciennes. Il y a donc tout lieu de craindre que le juge-ment qui interviendra ne foit dicté par cet efprit de rigueur, & que le triomphe de la cabale des dénonciateurs étant complet, le trouble qu'ils ont occafionné dans les fortunes & dans le com-merce ne foit encore augmenté.

X L V I I.

Motifs qui doivent détourner d'en attribuer la connoissance à l'Intendant.

Dans ces circonstances, il sembleroit nécessaire d'ôter à ce tribunal la connoissance d'une affaire sur laquelle on peut croire qu'il a adopté des préventions, puisque sans ces préventions l'affaire n'auroit aucune existance ; c'est par ce motif que les différens particuliers déjà dénoncés, ou qui craignent de l'être, ont présenté à M. le Contrôleur général un mémoire qui m'a été renvoyé, & dans lequel il conclut à ce qu'il me soit donné un arrêt d'attribution pour connoître de toute cette affaire ; ce seroit, en effet, un moyen de leur procurer un juge assez favorable ; & ce mémoire, dans lequel j'ai expliqué toute ma façon de penser, le fait assez présumer. Je ne pense cependant pas qu'on doive me charger du jugement de cette affaire. Indépendamment de la répugnance que j'ai pour ces sortes d'attributions, j'observe que les esprits se sont assez échauffés de part & d'autre dans la ville d'Angoulême sur cette affaire ; qu'un grand nombre de gens y ont pris parti contre les capitalistes prêteurs d'argent, dont la fortune a pu

exciter l'envie ; qu'enfin un affez grand nombre
des officiers du préfidial paroiffent avoir adopté
cette chaleur. Si c'eft un motif pour ôter à ces
derniers la connoiffance de cette affaire, c'en
eft un auffi, fuivant moi, de ne la pas donner
à l'Intendant de la province; l'on ne manqueroit
pas de penfer que l'objet de cette attribution a
été de fouftraire des coupables aux peines qu'ils
auroient méritées, & le jugement qui les abfou-
droit feroit repréfenté comme un acte de par-
tialité.

X L V I I I.

Le Confeil eft le Tribunal auquel il paroît le
plus convenable de réferver la décifion de cette
affaire.

D'ailleurs le véritable motif qui doit faire
évoquer cette affaire, eft la liaifon qu'elle a avec
l'ordre public & l'intérêt général du commerce;
& dès-lors, fi l'on fe détermine à l'évoquer,
il femble que ce ne doit pas être pour la renvoyer
à un tribunal particulier, & en quelque forte
étranger à l'ordre judiciaire, mais plutôt pour
la faire décider avec plus d'autorité & par un
tribunal auquel il appartienne de fixer en même-
temps, & de confacrer, par une fanction folemn-
nelle, les principes de fa décifion. Je penfe qu'il

n'y en a point de plus convenable que le Conseil
lui-même, surtout si, comme je le crois, il
doit être question, non-seulement de juger l'affaire particulière des capitalistes d'Angoulème;
mais encore de fixer par une loi la jurisprudence
sur un point de la plus grande importance pour
le commerce général du Royaume.

X L I X.

La procédure criminelle commencée paroît exiger
que l'affaire soit renvoyée à une commission
particulière du Conseil, chargée en même-
temps de discuter la convenance de la loi
proposée.

Je prendrai la liberté d'observer que si cette
proposition est adoptée, il paroît convenable de
former pour cet objet une commission particulière du Conseil. L'affaire ayant été introduite
par la voie criminelle, & poursuivie à la requête
du Procureur du Roi, il est indispensable de
la continuer d'abord sur les mêmes erremens,
& l'on ne peut se passer du concours de la partie
publique. Or, on sait qu'il ne peut y avoir de
Procureur Général que dans les commissions
particulières. La même commission, paroissant
devoir naturellement être chargée d'examiner

s'il y a lieu de rendre une loi nouvelle fur la
matière & d'en difcuter les difpofitions, l'intérêt
général du commerce, & l'intérêt particulier
des commerçans d'Angoulème, ne pourront manquer d'être envifagés & décidés par les mêmes
principes.

L.

*Obfervation fur la punition que paroiffent mériter
les auteurs du trouble arrivé dans le commerce
d'Angoulême.*

En venant au fecours du commerce d'Angoulème, il feroit bien à fouhaiter qu'on pût faire
fubir aux auteurs de la cabale qui vient d'y porter
le trouble, la punition qu'ils ont méritée; mais
je fens qu'on ne peut rien propofer à cet égard
quant à préfent ; & lors même que le tribunal,
chargé de l'examen de l'affaire, aura pris une
connoiffance exacte de toutes les manœuvres qui
ont été commifes, je ne fais s'il fera poffible
de prononcer une peine juridique contre des
gens qui, malgré l'odieux de leurs démarches,
femblent cependant y avoir été autorifés par
des loix expreffes, lefquelles n'ont jamais été
révoquées. Je ne crois pas qu'on puiffe les punir
autrement que par voie d'autorité & d'adminif-
tration, & ce fera à la fageffe du Confeil à

décider ; après le jugement de l'affaire, s'il convient de faire intervenir l'autorité directe du Roi pour punir ces perturbateurs du commerce.

L I.

Examen d'une proposition faite par les Juges Confuls d'Angoulême tendante à l'établissement de Courtiers & Agens de change en titre.

Avant de terminer ce long mémoire , je crois devoir m'expliquer encore fur une proposition contenue dans la conclusion qui étoit jointe au mémoire que m'a renvoyé M. le Contrôleur-Général, & que je crois avoir fait l'objet d'une demande adreffée directement à ce Ministre par les Confuls d'Angoulême. Elle a pour objet de faire établir à Angoulême des Courtiers & des Agens de change en titre. C'est , dit-on , pour pouvoir fixer le taux de la place, & prévenir, par-là, des troubles femblables à ceux que vient d'éprouver le commerce d'Angoulême.

L I I.

Inutilité & inconvéniens de l'établiffement propofé.

Je fuis fort loin de penfer qu'un pareil établif-fement puiffe être utile dans aucun cas, les

commerçans peuvent, le plus souvent, faire leurs
négociations sans l'entremise de personnes
tierces ; & si, dans une place, les opérations
de commerce sont assez multipliées pour que
les négocians soient obligés de se servir d'agens
interposés ou de courtiers, ils sont toujours
libres de le faire ; & il est bien plus naturel qu'ils
confient leurs affaires à des hommes qu'ils ont
choisis & auxquels ils ont une confiance person-
nelle, qu'à des particuliers qui n'auroient d'autre
titre à leur confiance, que d'avoir acheté l'office
de courtier ou d'agent de change. Il est étonnant
que les Juges-Consuls d'Angoulême n'aient
pas senti que ces courtiers privilégiés & exclusifs
& les droits qui leur seroient attribués, seroient
une surcharge pour leur commerce. L'utilité
prétendue dont on veut qu'ils soient pour fixer
le cours de la place, me paroît entièrement
chimérique. Il n'est point nécessaire, comme le
suppose l'avocat au conseil, qui a dressé la con-
sultation en faveur des capitalistes d'Angoulême,
qu'il y ait un taux de la place fixé par des agens
de change, ou par une délibération de tous les
Banquiers pour autoriser le taux de l'intérêt,
& justifier les négociations du reproche d'usure.
L'intérêt doit, comme je l'ai déjà dit plusieurs
fois, varier à raison du plus ou du moins

de

de folvabilité de l'emprunteur & il n'en devient pas plus néceffaire.

Le vrai remède aux inconvéniens que vient d'éprouver la place d'Angoulême eft dans l'inrerdiction de toute accufation d'ufure, à l'occafion de négociations faites par des commerçans.

Il a été un temps où la propofition faite par les Juges-Confuls d'Angoulême auroit pu être accueillie comme un moyen de procurer quelque argent au Roi ; mais, outre que cette reffource feroit infiniment modique, le Confeil eft fans doute à préfent trop éclairé pour ne pas fentir que de tous les moyens de procurer de l'argent au Roi, les plus mauvais font ceux qui furchargent le commerce de frais, qui le gênent par des privilèges exclufifs, & fur-tout qui l'embarraffent par une multiplication d'agens & de formalités inutiles. Je ne fuis donc aucunement d'avis de créer à Angoulême les charges de Courtiers & d'Agens de change dont les Confuls follicitent l'établiffement.

G

L I I I.

Conclusion & Avis.

Pour me réfumer fur l'objet principal de ce Mémoire , mon avis fe réduit à propofer d'évoquer au Confeil les accufations d'ufure pendantes au Sénéchal d'Angoulème, & d'en renvoyer la connoiffance à une commiffion particulière du Confeil, laquelle feroit en même-temps chargée de rédiger une déclaration pour fixer la Jurifprudence fur l'ufage du prêt à intérêt dans le commerce.

Copie de la Lettre de M. Turgot, Intendant de Limoges, à M. l'Abbé Terray, Contrôleur-Général.

A Limoges, le 24 Décembre 1773.

MONSIEUR,

J'AI l'honneur de vous adresser l'état des forges & usines employées à la fabrication des ouvrages en fer qui se trouvent dans la Généralité de Limoges. Vous m'avez demandé cet état plusieurs fois ; j'aurois voulu pouvoir vous l'envoyer plus promptement, & sur-tout plus complet ; mais malgré les soins que j'ai pris pour me procurer sur chaque forge des notices aussi détaillées que vous paroissiez les desirer, vous verrez qu'il reste encore une assez grande incertitude sur la quantité des fers qui sortent de ces différentes forges : mais vous verrez aussi que cette incertitude vient en grande partie de causes purement physiques, qui font varier la production, telles que la disette ou l'abondance des eaux dans les différentes usines. Les variations dans le débit & dans la fortune des

Marques des Fers.

G 2

entrepreneurs influent auffi, & au moins autant que les caufes phyfiques fur la fabrication
plus ou moins abondante.

Quant aux obfervations que vous paroiffez
defirer fur les moyens de donner à cette branche
de commerce plus d'activité, ou de lui rendre
celle qu'on prétend qu'il a perdue, j'en ai peu
à vous faire. Je ne connois de moyen d'animer
un commerce quelconque que la plus grande
liberté & l'affranchiffement de tous ces droits,
que l'intérêt mal entendu du fifc a multipliés
à l'excès fur toutes les efpèces de marchandifes, & en particulier fur la fabrication des
fers.

Je ne puis vous déguifer qu'une des principales caufes de la lenteur que j'ai mife à vous
fatisfaire fur l'objet de ces recherches, a été le
bruit qui s'étoit répandu qu'elles avoient pour
objet l'établiffement de nouveaux droits ou l'ex-
tenfion des anciens. L'opinion fondée fur trop
d'exemples, que toutes les recherches du Gouvernement n'ont pour objet que de trouver les
moyens de tirer des peuples plus d'argent, a fait
naître une défiance univerfelle, & la plus grande
partie de ceux à qui l'on fait des queftions, ou
ne répondent point, ou cherchent à induire en
erreur par des réponfes fauffes, ou incomplettes.

Je ne puis croire, Monfieur, que votre inten-
tion foit d'impofer de nouvelles charges fur
un commerce que vous annoncez au contraire
vouloir favorifer. Si je le penfois, je vous avoue
que je m'applaudirois du retard involontaire que
j'ai mis à l'envoi des éclairciffemens que vous
m'avez demandés, & que je regretterois de
n'avoir pu en prolonger davantage le délai.

Après l'entière liberté & l'affranchiffement
de toutes taxes fur la fabrication, le tranfport,
la vente & la confommation des denrées, s'il
refte quelque chofe à faire au Gouvernement
pour favorifer un commerce ; ce ne peut être
que par la voie de l'inftruction, c'eft-à-dire,
en encourageant les recherches des favans &
des artiftes qui tendent à perfectionner l'art, &
fur-tout à étendre la connoiffance par la pu-
blicité des procédés dont la cupidité cherche à
faire autant de fecrets. Il eft utile que le Gouvernement faffe quelques dépenfes pour envoyer de jeunes gens s'inftruire dans les pays
étrangers des procédés ignorés en France, &
qu'il faffe publier le réfultat de leurs recherches. Ces moyens font bons ; mais la liberté &
l'affranchiffement des taxes font bien plus effi-
caces & bien plus néceffaires.

Vous paroiffez, Monfieur, dans les lettres

G 3

que vous m'avez fait l'honneur de m'écrire far
cette matière, avoir envifagé comme un encouragement pour le commerce national les
entraves que l'on pourroit mettre à l'entrée des
fers étrangers. Vous annoncez même que vous
avez reçu de différentes provinces des repré-
fentations multipliées fur la faveur que ces fers
étrangers obtiennent, au préjudice du commerce & de la fabrication des fers nationaux;
je conçois en effet que des maîtres de forges,
qui ne connoiffent que leurs fers, imaginent
qu'ils gagneroient davantage s'ils avoient moins
de concurrens. Il n'eft point de marchand, qui
ne voulût être feul vendeur de fa denrée; il n'eft
point de commerce, dans lequel ceux qui l'exercent ne cherchent à écarter la concurrence, &
ne trouvent quelques fophifmes, pour fe faire
accroire que l'état eft intéreffé à écarter du moins
la concurrence des étrangers, qu'ils réuffiffent
plus aifément à repréfenter comme les ennemis
du commerce national. Si on les écoute, & on
ne les a que trop écoutés, toutes les branches
de commerce feront infectées de ce genre de
monopole. Ces imbécilles ne voient pas que
ce même monopole qu'ils exercent, non pas
comme ils le font accroire au Gouvernement,
contre les étrangers, mais contre leurs conci-

toyens, confommateurs de la denrée, leur eft rendu, par ces mêmes concitoyens, vendeurs à leur tour, dans toutes les autres branches de commerce, où les premiers deviennent à leur tour acheteurs. Ils ne voient pas que toutes ces affociations de gens du même métier ne manquent pas de s'autorifer des mêmes prétextes, pour obtenir du Gouvernement féduit la même exclufion des étrangers ; ils ne voient pas que dans cet équilibre de vexation & d'injuftice entre tous les genres d'induftrie où les artifans & les marchands de chaque efpèce oppriment comme vendeurs, & font opprimés comme acheteurs; il n'y a de profit pour aucune partie ; mais qu'il y a une perte réelle pour la totalité du commerce national, ou plutôt pour l'Etat, qui, achetant moins à l'étranger, lui vend moins auffi. Cette augmentation forcée des prix pour tous les acheteurs diminue néceffairement la fomme des jouiffances, la fomme des revenus difponibles, la richeffe des propriétaires & du Souverain, & la fomme des falaires à diftribuer au peuple. Cette perte eft doublée encore, parce que dans cette guerre d'oppreffion réciproque, où le Gouvernement prête fa force à tous contre tous, on n'a excepté que la feule branche du labourage que toutes op-

priment de concert , par ces monopoles exclufifs des étrangers , mais qui , bien loin de pouvoir opprimer perfonne , ne peut même jouir
du droit naturel de vendre fa denrée , ni aux
étrangers , ni même à ceux de fes concitoyens
qui viendroient l'acheter ; enforte que de toutes
les claffes de citoyens laborieux , il n'y a que
le laboureur qui fouffre du monopole comme
acheteur , & qui en fouffre en même - temps
comme vendeur. Il n'y a que lui qui ne puiffe
acheter librement des étrangers aucune des
chofes dont il a befoin. Il n'y a que lui qui ne
puiffe vendre aux étrangers librement la denrée
qu'il produit, tandis que le marchand de drap
ou tout autre achete tant qu'il veut le bled des
étrangers, & vend autant qu'il veut fon drap
aux étrangers. Quelques fophifmes que puiffe
accumuler l'intérêt particulier de quelques commerçans , la vérité eft que toutes les branches
de commerce doivent être libres , également
libres , entièrement libres ; que le fyftême de
quelques politiques modernes qui s'imaginent
favorifer le commerce national en interdifant
l'entrée des marchandifes étrangères , eft une
pure illufion ; que ce fyftême n'aboutit qu'à
rendre toutes les branches de commerce en-
nemies les unes des autres, à nourrir entre les

nations un germe de haines & de guerres; dont
les plus foibles effets fout mille fois plus coû-
teux aux peuples, plus deftructifs de la richeffe,
de la population, du bonheur, que tous les
petits profits mercantilles qu'on imagine s'affurer ne peuvent être avantageux aux nations
qui s'en laiffent féduire. La vérité eft qu'en
voulant nuire aux autres, on fe nuit à foi-même,
non-feulement parce que la repréfaille de ces
prohibitions eft fi facile à imaginer que les autres
nations ne manquent pas de s'en avifer à leur
tour, mais encore parce qu'on s'ôte à foi-même
les avantages inappréciables d'un commerce libre;
avantages, tels que fi un grand état comme la
France vouloit en faire l'expérience, les progrès
rapides de fon commerce & de fon induftrie
forceroient bientôt les autres nations de l'imiter
pour n'être pas appauvries par la perte totale de
leur commerce.

Mais quand tous ces principes ne feroient
pas, comme j'en fuis entièrement convaincu,
démontrés avec évidence, quand le fyftème des
prohibitions pourroit être admis dans quelque
branche de commerce; j'ofe dire que celui des
fers devroit être excepté par une raifon décifive,
& qui lui eft particulière.

Cette raifon eft que le fer n'eft pas feulement

une denrée de consommation utile aux différens usages de la vie. Le fer qui s'employe en
meubles, en ornemens, en armes, n'est pas
la partie la plus considérable des fers qui se
fabriquent & se vendent. C'est sur-tout comme
instrument nécessaire à la pratique de tous les
arts, sans exception, que ce métal est si précieux, si important dans le commerce : à ce
titre, il est matière première de tous les arts,
de toutes les manufactures, de l'agriculture
même; à laquelle il fournit la plus grande partie
de ses instrumens; à ce titre, il est denrée de
première nécessité; à ce titre, quand même on
adopteroit l'idée de favoriser les manufactures
par des prohibitions, le fer ne devroit jamais
y être assujetti; puisque ces prohibitions, dans
l'opinion même de leurs partisans, ne doivent
tomber que sur les marchandises fabriquées pour
la consommation, & non sur les marchandises
qui sont des moyens de fabrication, telles que
les matières premières, & les instrumens nécessaires pour fabriquer; puisque l'acheteur des
instrumens de fer servans à sa manufacture ou
à sa culture, doit, suivant ce système, jouir de
tous les privilèges que les principes de ce sys-
tême donnent au vendeur sur le simple con-
sommateur.

Défendre l'entrée du fer étranger, c'est donc favoriser les maîtres de forges, non pas seulement comme dans les cas ordinaires de prohibitions, aux dépens des consommateurs nationaux ; c'est les favoriser aux dépens de toutes les manufactures, de toutes les branches d'industrie, aux dépens de l'agriculture & de la production des subsistances, d'une manière spéciale, & encore plus directe que l'effet de toutes les autres prohibitions dont il faut avouer qu'elle se ressent toujours.

Je suis persuadé que cette réflexion, qui sans doute s'est aussi présentée à vous, vous empêchera de condescendre aux sollicitations indiscrètes des maîtres de forges & de tous ceux qui n'envisageront cette branche de commerce qu'en elle-même, & isolée de toutes les autres branches avec lesquelles elle a des rapports de nécessité première.

J'ajouterai encore ici deux considérations qui me paroissent mériter votre attention.

L'une est qu'un grand nombre d'arts n'ont pas besoin seulement de fers, mais de fers de qualités différentes & adaptées à la nature de chaque ouvrage. Pour les uns, il faut du fer plus ou moins doux ; d'autres exigent un fer plus aigre ; les plus importantes manufactures

emploient de l'acier, & cet acier varie encore
de qualité ; celui d'Allemagne est propre à cer-
tains usages ; celui d'Angleterre, qui est plus
précieux, à d'autres. Or il y a certaines qualités de fers que le royaume ne fournit pas &
qu'on est obligé de tirer de l'Étranger. A l'égard
de l'acier, il est notoire qu'il s'en fabrique
très-peu en France ; qu'a peine ce genre de
fabrication en est-il à ses premiers essais ; &
quelque heureux qu'ils aient pu être, il se paf-
sera peut-être un demi-siècle avant qu'on fasse
assez d'acier en France pour subvenir à une
partie un peu considérable des usages auxquels
l'emploient les manufactures où l'on est obligé
de tirer de l'Étranger les outils tout faits ; parce
qu'on ne fait point en fabriquer en France qui
aient la perfection nécessaire, & parce que
l'ouvrage perdroit trop de sa qualité & de son
prix s'il étoit fait avec des outils imparfaits.
Ce seroit perdre ces manufactures, ce seroit
anéantir toutes celles où l'on emploie l'acier,
toutes celles où l'on a besoin de qualités particulières de fer, que d'interdire l'entrée des
fers étrangers ; ce seroit les conduire à une
décadence inévitable que de charger ces fers
de droits excessifs ; ce seroit sacrifier une grande

partie du commerce national à un intérêt très-
mal entendu des Maîtres de forges.

Cette première confidération prouve, ce me
femble, que dans l'état actuel du commerce des
manufactures & de celui des fers nationaux ;
il y auroit de l'imprudence à gêner l'impor-
tation des fers étrangers. Celle qui me refte à
développer prouvera que jamais cette impor-
tation ne ceffera d'être néceffaire, & qu'au contraire le befoin ne ceffera vraifemblablement
d'en augmenter avec le temps.

En effet, il fuffit de réflechir fur l'immenfe
quantité de charbon de bois que confomme la
fonte de la mine & fa réduction en métal ;
fur la quantité non moins immenfe que confomment les forges & ufines où l'on affine le
fer, pour fe convaincre que quelque abondant que
puiffe être le minéral, il ne peut être mis en
valeur, qu'autant qu'il fe trouvera à portée
d'une très-grande quantité de bois, & que ces
bois auront peu de valeur. Quelque abondante
que puiffe être une forêt fituée à portée d'une
rivière affluente à Paris, certainement on ne
s'avifera jamais d'y établir une Forge, parce
que le bois y a une valeur qu'on ne retrouveroit
jamais fur la vente des fers qui en feroient
fabriqués. Auffi, le principal intérêt qu'on envi-

fage dans l'établiflement d'une Forge eft celui de donner une valeur & un débouché à des bois qui n'en avoient point. Il fuit de là, qu'à mefure que les bois deviennent rares , à mefure qu'ils acquièrent de la valeur par de nouveaux débouchés , par l'ouverture des chemins , des canaux navigables , par l'augmentation de la culture , de la population , la fonte & la fabri-cation des fers doit être moins lucrative & di-minuer peu-à-peu. Il fuit de là qu'à proportion de ce que les nations font plus anciennement policées , à proportion des progrès qu'elles ont faits vers la richeffe & la propriété , elles doi-vent fabriquer moins de fer & en tirer davantage des étrangers. C'eft pour cela que l'Angleterre, qui , de toutes les nations de l'europe , eft la plus avancée à cet égard , ne tire d'elle-même que très-peu de fer brut ; & qu'elle en achète beau-coup en Allemagne , & dans le Nord , auquel elle donne une plus grande valeur , en le con-vertiffant en acier & en ouvrages de quincailleries. Le commerce des fers eft affigné par la nature aux peuples nouveaux , aux peuples qui pofsèdent de vaftes forêts incultes , éloignées de tout débou-ché , où l'on trouve un avantage à brûler une immenfe quantité de bois pour la feule valeur des fels qu'on retire en leffivant leurs cendres.

Ce commerce foible en Angleterre , encore
affez floriffant en France , beaucoup plus en
Allemagne, & dans les pays du Nord, doit ,
fuivant le cours naturel des chofes , fe porter
en Ruffie, en Sibérie , & dans les Colonies
Amériquaines , jufqu'à ce que ces pays fe peu-
plant à leur tour, & toutes les nations fe trouvant à-peu-près en équilibre à cet égard, l'augmentation du prix des fers devienne affez forte
pour qu'on retrouve de l'intérêt à en fabriquer
dans le pays même où l'on en avoit abandonné
la production, faute de pouvoir foutenir la concurrence des Nations pauvres. Si cette décadence
du commerce des Forges , fuite de l'augmentation des richeffes, des accroiffemens de la population , de la multiplication des débouchés du
commerce général , étoit un malheur, ce feroit
un malheur inévitable qu'il feroit inutile de
chercher à prévenir. Mais ce n'eft point un
malheur, fi ce commerce ne tombe que parce
qu'il eft remplacé par d'autres productions plus
lucratives. Il faut raifonner de la France par
rapport aux autres Nations , comme on doit
raifonner des Provinces à portée de la confommation de Paris, par rapport aux Provinces de
l'intérieur; certainement les propriétaires voifins
de la Seine ne regrettent pas que leurs bois

aient une valeur trop grande pour pouvoir y établir des Forges, & ils fe réfignent fans peine à acheter avec le revenu de leurs bois les fers que leur vendent les autres Provinces.

S'obftiner par les vues d'une politique étroite, qui croit pouvoir tout tirer de fon cru, à contrarier cet effet néceffaire, ce feroit faire comme les propriétaires de Brie, qui croient économifer en buvant de mauvais vin de leur cru qu'ils payent beaucoup plus cher par le facrifice d'un terrein fufceptible de produire de bon froment, que ne leur coûteroit le vin de Bourgogne, qu'ils acheteroient de la vente de ce froment; ce feroit facrifier un profit plus grand pour conferver un profit plus foible.

Ce que doit faire la politique eft donc de s'abandonner aux cours de la nature & aux cours du commerce, non moins néceffaire, non moins irréfiftible que le cours de la nature, fans prétendre le diriger; parce que pour le diriger fans le déranger & fans fe nuire à foi-même, il faudroit pouvoir fuivre toutes les variations des befoins, des intérêts, de l'induftrie des hommes; il faudroit les connoître dans un détail qu'il eft phyfiquement impoffible de fe procurer, & fur lequel le Gouvernement le plus habile, le plus actif, le plus détailleur, rifquera toujours de

fe

se tromper au moins de la moitié ; comme l'obferve ou l'avoue l'Abbé Galiani, dans un ouvrage, où, cependant, il défend, avec le plus grand zèle, le fyftème des prohibitions, préci-fément fur le genre de commerce où elles font les plus funeftes, je veux dire fur le commerce des grains. J'ajoûte que fi l'on avoit fur tous ces détails cette multitude de connoiffances qu'il eft impoffible de raffembler, le réfultat en feroit de laiffer aller les chofes précifément comme elles vont toutes feules, par la feule action des intérêts des hommes animés & balancés par la concurrence libre.

J'ai cru, Monfieur, devoir, pour l'acquit de ma confcience, vous communiquer toutes les réflexions que m'a fuggéré la crainte de vous voir céder à des propofitions que je crois dangé-reufes & qui nuiroient au commerce que vous voulez favorifer. Je fais que vous ne défapprouvez pas la liberté avec laquelle je vous expofe fans déguifement ce que je crois être la vérité.

Je fuis &c.

F I N.

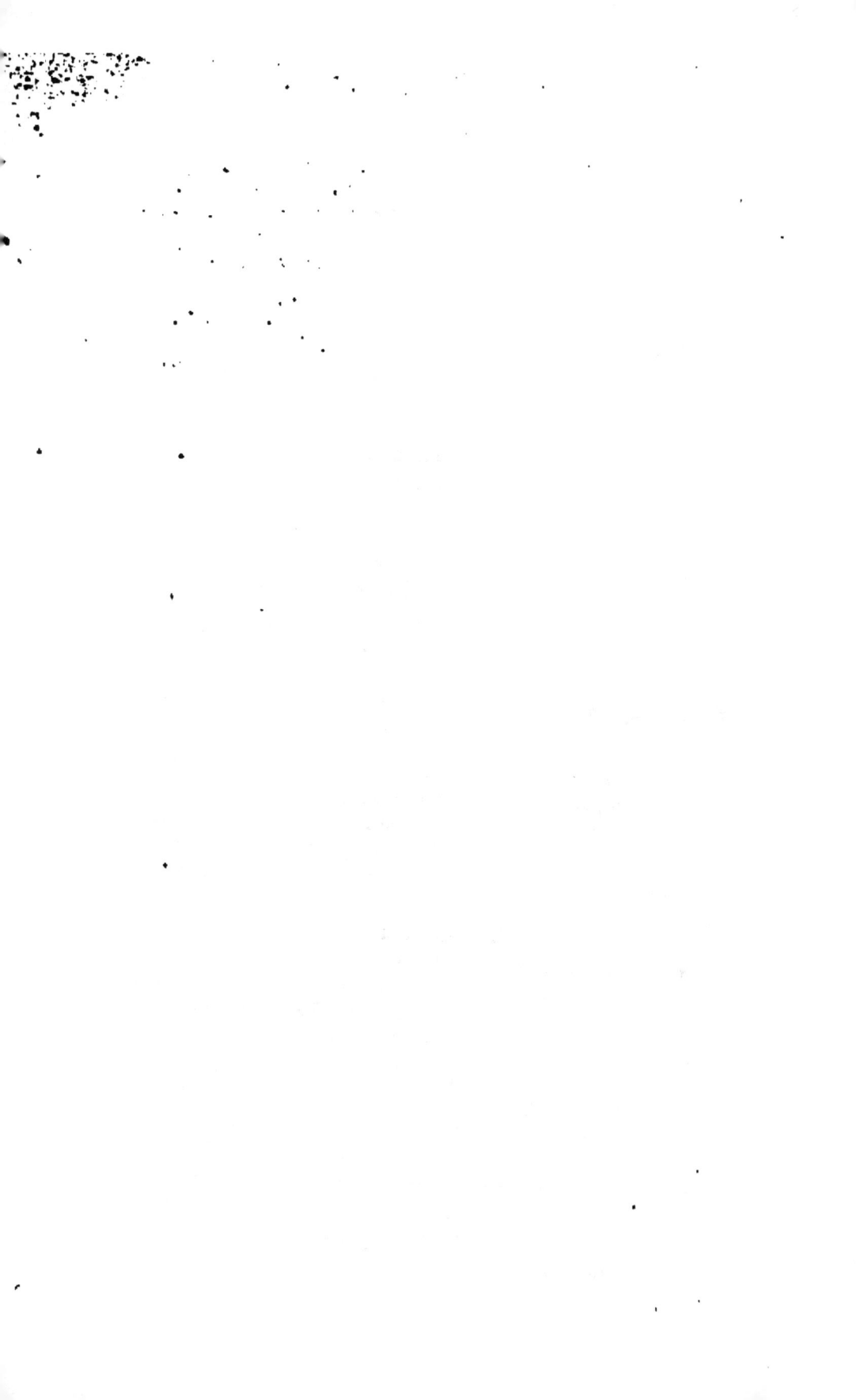

Médecine domestique, ou traité complet des moyens de se conserver en santé, et de guérir les maladies par le régime et les remèdes simples : Ouvrage mis à la portée de tout le monde : par G. Buchan, D. M. du collège royal des Médecins d'Edimbourg ; traduit de l'anglois, par J. D. Duplanil, Docteur en Médecine de la Faculté de Montpellier, et Médecin honoraire de Son A. R. Monseigneur Comte d'Artois. Quatrième édition, revue, corrigée et considérablement augmentée, sur la dixième édition de Londres. A Paris, chez Froullé, Libraire, quai des Augustins, 1789. Avec approbation et privilège du Roi, 5 vol. in-8°. orné du portrait de M. Buchan, nouvellement gravé d'après l'original envoyé à M. Duplanil. Les 5 vol. brochés se vendent 25 livres, reliés en basanne, 30 liv, et en veau, 32 liv. 10 sols.

Cet ouvrage, dont on a dit que jamais livre n'avoit mieux rempli son titre, a des succès qui ne peuvent laisser aucune espèce de doute sur son utilité. Dix éditions en anglois, neuf en françois, y compris les contrefactions, une en Hollandois, une en Italien, une en Espagnol, &c. le mettent d'une manière non équivoque, au rang des livres véritablement nécessaires. Ces succès sont le fruit du travail continuel des Auteurs à qui nous le devons. M. Buchan a fait encore des augmentations dans sa dernière édition, dont le traducteur rend compte dans un avertissement, et M. Duplanil a beaucoup travaillé l'édition que nous publions aujourd'hui. Ceux qui ont vu des exemplaires de l'une ou de l'autre de ces contrefactions, et qui ont lu sur les titres *quatrième*, *cinquième*, et peut-être *sixième* édition, seront sans doute étonnés de ce que la nôtre n'est intitulée que QUATRIÈME. Ils ne pourront croire qu'elle soit nouvelle. Cependant la vérité est qu'elle n'est que la *quatrième* faite sous les yeux du traducteur.

Les Libraires de Genève ; qui se sont appropriés cet ouvrage, comme s'il leur appartenoit, en ont fait, en peu de temps, trois contrefactions, qu'ils ont intitulées, la première nouvelle édition, à Genève, chez PELLET, et deux autres, *quatrième & cinquième édition*. Mais pour celles-ci, ils ont fait disparoître le nom de Genève ; ils ont adopté celui de Paris et le nôtre, de sorte que le titre de ses contrefactions étant copié sur l'édition de Paris, et accompagné du portrait de l'auteur, en a imposé à une foule de personnes qui se sont empressées de se procurer ces éditions fautives.

M. Duplanil est entré dans des détails à ce sujet. Qu'on lise l'avertissement de cette quatrième édition, et l'on verra comment la contrefaction d'un livre de Médecine, peut aller jusqu'à causer la mort de ceux qui mettent leur confiance dans de telles productions.

Pour prévenir, autant qu'il est possible, de tels malheurs, je me suis déterminé à signer cette quatrième édition. Ainsi, tout exemplaire qui ne portera pas ma signature, sera un exemplaire contrefait.

On trouve chez le même Libraire un nouvel Ouvrage de M. le M. de C***, intitulé : *Examen de cette question ; Est-il utile de diviser une Assemblée Nationale en plusieurs Chambres ?* L'Auteur paroît avoir eu en vue de répondre principalement aux personnes qui auroient conçu le projet de faire diviser l'Assemblée Nationale en deux chambres. Il examine sous de nouveaux rapports cette question qu'il avoit déjà discutée avec étendue et profondeur dans un autre ouvrage, intitulé : *De l'inutilité et du danger de partager le pouvoir législatif en plusieurs corps*, qui a été inséré dans le premier volume des *Recherches historiques et politiques sur les États-Unis d'Amérique, par un citoyen de Virginie*, 1789, 4 vol. in-8°, broché 12 livres.

CHANT DU 14 JUILLET 1800.

O glorieuse destinée !
Applaudis-toi , peuple français.
Bientôt, de palmes couronnée ,
La victoire obtiendra la paix.
Le front des Alpes s'humilie,
Nous avons franchi leurs frimas ;
Et tous les forts de l'Italie
S'ouvrent deux fois à nos soldats.

Où sont ces ennemis qui , dans Nice et dans Gênes,
Avaient osé dicter leurs ordres absolus ?
Leur sang du Milanais rougit au loin les plaines.
Un héros se présente : ils ne sont déjà plus.

Des Germains l'aigle épouvantée
Dans Vienne revole à grands cris,
Et sur sa route ensanglantée
Ne voit partout que des débris.
A cette nouvelle fatale
La cour des Césars est en deuil,
Et de la Tamise rivale
Nos succès confondent l'orgueil.

Du sommet de ces monts où sa source est placée,
Le Rhin nous reconnaît et s'élance en fureur,
Et toujours indigné de sa honte passée,
Au Danube ennemi court porter sa terreur.